读写丰盈 诗意人生

陶继新 王崧舟 著

齊鲁書社

图书在版编目（CIP）数据

读写丰盈诗意人生/陶继新，王崧舟著. --济南：齐鲁书社，2021.7
ISBN 978-7-5333-4460-3

Ⅰ.①读… Ⅱ.①陶… ②王… Ⅲ.①语文教学—教学研究 Ⅳ.①H19

中国版本图书馆CIP数据核字(2021)第116557号

责任编辑：许允龙
责任校对：王其宝　赵自环
封面设计：吴　晋
版式设计：刘羽珂

读写丰盈诗意人生
DUXIE FENGYING SHIYI RENSHENG
陶继新　王崧舟　著

主管单位　山东出版传媒股份有限公司
出版发行　齊鲁書社
社　　址　济南市英雄山路189号
邮　　编　250002
网　　址　www.qlss.com.cn
电子邮箱　qilupress@126.com
营销中心　（0531）82098521　82098519　82098517
印　　刷　山东新华印务有限公司
开　　本　720mm×1020mm　1/16
印　　张　13
字　　数　190千
版　　次　2021年7月第1版
印　　次　2021年7月第1次印刷
标准书号　ISBN 978-7-5333-4460-3
定　　价　45.00元

序言

结识王崧舟老师之前，他已是全国著名的小学语文特级教师，他的“诗意语文”，也在中国这片大地上回旋与激荡，成为众多小学语文教师津津乐道的一个文化符号。而他，自然也拥有数不清的崇拜者。

第一次听他讲课，让我真切地体验到了如沐春风的美妙。他大多时间是微微且又自然地笑着，如诗如画的语言，似信手拈来。“语文”在王老师的手中如神奇的魔杖，化贫乏为丰盈，化平淡为诗意。

非有高深的语文造诣，不能如此出神入化；非有稳操胜券的信心，不能有如此的从容。

于是，在我主持举办的每年一度的“名家人文教育高端论坛暨名师课堂研讨会”上，王崧舟就成了一位必请的重量级的名家。当然，每年也就有了千余位教师享受这场精神盛宴。

渐渐地，王崧舟老师就成了我心灵深处的一道风景。

后来，我到他曾任总校长的杭州市拱宸桥小学教育集团采访了他，并写了一篇长篇报道《让更多的师生从平凡走向卓越——王崧舟“新成功教育”扫描》，发表在2010年18期《人民教育》上。后来，到不少地方讲课与采访的时候，经常会有人对我说："看过您写的王崧舟老师的报道，太精彩了！"我总是真实地回答："不是写得精彩，而是王崧舟老师太精彩了！"

渐渐地，心里有了一种渴望，那就是能写一本王崧舟老师的书，最好是我们两个人通过对话共同写出一本书。

后来，这个美丽的梦想终于实现了。就在杭州的韵河书院里，我们两个人在摄像机前，率性而谈。王崧舟老师的淡定与深邃，以及随机而言的智慧，总能激起我的感情，唤醒我内在的能量，于是，自然也就有了超越既往的言说，以及比较丰富的内容。

我们谈语文，更多地关注了语文的文化品格。语文，不只是简单的语法修辞，也不是故弄玄虚的语言游戏，而是有着巨大的生命能量，有着很高的精神境界。我们谈读写，更多地关注由读写而丰盈起来的诗意人生。

我想，非对话王崧舟，很可能就不会有这种感觉。因为透过语言的表层，我们不但比较系统地了解到了王崧舟老师"诗意语文"的内涵，更窥到了他作为知识分子的精神境界。我觉得，他是带着使命走上语文教学讲坛的。他心里有大爱，语文教学只是这大爱的一个有形的载体，而那无形、无法言说的，则更加丰富。比如他悲天悯人的情怀、谦虚好学的品质、成人之美的高格、宠辱不惊的心灵。所以，解读王崧舟，必须透过语言的表层，去解析其内在的本质。不然，就等于肢解抑或曲解了王崧舟这个内蕴丰厚的当代名家。

王崧舟老师的谦卑总是让我感动不已，每一次相见与交流，总让我从他身上想到古代真正意义上的谦谦君子。就说这次对话之书的署名吧，他是定要署在我的名字之后的。我一直认为，在语文界，我远远没有他的名气大。他是看我年长于他，因对我尊重而执意如此。今天读《周易》，看到有这样的话："有大者不可以盈，故受之以谦。"还说："劳谦，君子有终，吉。"孔子则说："劳而不伐，有功而不德，厚之至也。"这自然让我想到王崧舟老师，他是因其"厚之至也"，才有了这份谦卑，才有了这一"劳而不伐，有功而不德"的美德的。

这些年，我接触过不少名师，他们大多道德文品俱佳。可是，也有个别名气一大而忘乎所以者。其实，愈是把自己看得很高，觉得自己了不起的，愈是少了名师的品质。有时我甚至想，若干年后，这种人也许就像当年的方仲永一样，“泯然众人矣”。而王崧舟则不然，他会随着时光的流转，闪烁出更奇异的光彩。

能与这样的名家对话交流，且共同出版一本书，对我来说，无疑是一种幸福。它会不断地鞭策我：做人须谦卑自牧，要不断地学习。因为与自己对话的王崧舟老师，他不但造就了过去的辉煌，更在持之以恒地走向更远的前方。非努力，非谦诚，非淡然，不可以与之以文友相称。

这本书的问世，展示的只是王崧舟老师这一时段的文化品格，而再过几年后，那当是一道更绚丽的风景。这是我的期盼，也是全国众多老师们的希冀。

陶继新

2021 年 5 月 26 日

目录/

读书：
语文的根本

语文：诗意的守望

读书：语文的根本

为何阅读

升华境界

陶继新：韩愈在《师说》中有一句耳熟能详的经典之语："师者，所以传道受业解惑也。"那么，是不是可以理解为"老师的工作就是传授道理、教授学业、答疑解惑"呢？我认为，这只是一种字面的解说。它真正的内涵在哪里呢？"传道"，更多的在于"明明德"，在于人格生成。"受业解惑"我将之理解为文化升值。对于一个人来说，可能有万千资产，可能在银行里存了很多的钱，但物质生活的富裕未必给他的内心带来真正的幸福感；而大量的经典阅读，则是一份补充精神能量的高利息存款，我称之为文化存款，这笔存款不仅无形地存到头脑的银行里，也有意识地存到我们的心灵和精神世界里了。文化一旦在心灵和精神世界里安顿之后，就成为一生幸福的升值性储蓄。

王崧舟：其实，宋代大儒张载讲的那句"为天地立心，为生民立命，为往圣继绝学，为万世开太平"，核心问题就是文化。没有文化，天地就没有了心，生民就没有了命，为往圣继绝学就没有了源头，为万世开太平就没有了支点。而文化的一个重要特性就在于它的积累和传承，用您的话来说，就是文化存款。文化存款落实在每个人身上，就是一种文化人格。在中国古代，如果说儒家的文化人格是"君子"，那么佛家的文化人格就是"觉者"，道家的文化人格就是“至人”。文化的升值，最终一定落实在人格的升华上。

陶继新：我特别尊崇的先圣孔子就是这样一位文化的不断升值者。众所周知，孔子是中国历史上第一位民办教师、第一所民办学校的校长，他是第一个将“学在官府”移至“学在民间”的人，他是中国最伟大的教育家。孔子曾经周游列国十四年，几经磨难。中间曾经因误会而被围困在匡这个地方，性命危在旦夕。随从的弟子们都很惊慌恐惧，然而这位伟大的思想家、教育家于境况如此险恶之时却是怎么说的呢？他说：“文王既没，文不在兹乎？天之将丧斯文也，后死者不得与于斯文也；天之未丧斯文也，匡人其如予何？”大致意思是这样的：周文王已经死了，文化难道不在传承者我这里吗？上天要想把这个文化毁掉的话，那么后来的人就得不到这文化了；如果上天不想毁灭这个文化的话，匡人又能把我怎么样呢？在有生命之忧的时候，孔子仍然以文化的传承者自居，甚至是感到自豪的。他认为文化就在他那儿，他就是文化的代言人，就是文化的传播者。正是这种强烈的使命感使他处险恶而心安然。实际上，老师在学生心目中，也是文化的代言人和传播者。既然如此，教师就应当拥有文化并以拥有文化为荣。那么，教师怎样才能拥有文化呢？我认为，最为有效的方法就是读书、读好书。从好书中，我们才能真正地汲取文化营养，才能真正地像孔子那样满怀自信地说出“文不在兹乎”？

王崧舟：的确如此。精神生活的实现路径有千万条，但其中一条是人所必经的，那就是读书。读书本身就是一种精神生活，它的神奇之处在于，它为我们开启了更多的精神生活之门。读书的目的有千万个，但根本的只有一个，让自己的精神生命更强大。正如您所说，真正意义上的名师，不但人格是高尚的，也一定都是文化不断升值者。只有这两者都具备了，才能拥有发展的空间，才能走进幸福的领地。

陶继新：我认为，作为教师，首先应该是个读书人，应该有文化。对于文化，我是这样理解的，就是通过“文”的浸润慢慢地改变人，即以文化人。文化改变的不仅仅是自己的教学方式，同时还有自己的话语方式、思维走向、生命状态、心灵境界以及幸福指数。

其实，很多人对于生命的理解是不全面的，生命绝不止于生存这一个层次。生存只是为了人的肉体的存续，所以人要吃、喝、住、行。其实人只需要最简单的吃、喝、住、行的资源即可以生存，超过的都是多余的。然而如果人们认为生命就只是身体，那么就要开始追求更好的吃、喝、住、行。包括您所说的那些为了做一个课题、拿一张文凭、考一个证书而读书的人，其实都是为了得到更好的吃、喝、住、行的资源。所以，这样的努力过后不论得到多少，即使富可敌国，也只是在生存的浅层次上更多地占有而已，所获得的也只是肉体上的暂时性满足而已。

而生命还有一个超越生存的更高层次，即人的精神。精神也像人的肉体一样，需要相应的营养才能成长。这种营养就是人的情感体验、道德修为、智慧生成。精神的成长目标，就是认识自己、认识世界、追索真理，这个过程会伴随着心灵的极大愉悦和满足。而那些只是活在生存层次上的人，因为精神极度缺乏营养不能成长甚至已经夭亡，便根本不能感受到人性中这一至高层面的喜悦，便只能经常性地陷入空虚、缺乏、求之不得的痛苦中。

读书学习是帮助人的精神成长的最佳途径，而好书、良师、益友则是精神成长最好的营养品。所以像呼吸一样地读书，像吃饭一样地学习，就会为我们的精神成长不断地补充营养，我们的精神生命就可以茁壮成长，就可以不断地体验到作为人活着的丰富和美好。

王崧舟：想想自己的读书历程，我无法想象自己不读书。书对我有着巨大的、永恒的诱惑。当我回归内心的时候，当我真诚倾听内在世界的渴望和呼求的时候，读书一定是我最愿意停泊的精神港湾。书是活的，每一本书都是一个生命，当你读他时，他就活了，就和你对话。和你对话的不是文字，是书中的那个灵魂。这是两个生命的一段奇遇，这里有生命无聊时的倾诉和倾听，有生命提振时的感激和感恩，有生命与生命在会心处的共鸣和共享，有一个生命在静观另一个生命时的感动和感慨，更有两个生命在相互欣赏的那一刻深深溢出的欢喜。

所以，阅读史可以看作是一个人的精神发育史、成长史，每个人建构起来的阅读史是谁都无法复制的。道理很简单，因为没有两个人的精神世界是完全相同的。一个人的心灵结构在很大程度上取决于他读书的结构，一个人的思想境界从根本上说就是他的读书境界。对读书的终极追问和思考，会影响到人对读书的体验，其实体验的背后还是人的观念在发挥作用，也就是说观念不一样，人对读书的体验就不一样。

读书，改变的不仅仅是人的生存方式和生活方式，同时也深刻地改变了人的思维、情感、精神境界。真可谓：一字一世界，一书一天堂。无意证菩提，随性见慧光。

陶继新：是呀。读书取向折射出了人的精神境界，读书也能温暖人心、提升人格。《论语·卫灵公》中孔子如是说：“君子求诸己，小人求诸人。”大体意思是说，君子严格要求自己，小人则苛求别人。《论语》除了一条积极入世的主线索之外，另一条内在的线索就是修身做人。可以说，整本书的内容贯穿始终的就是“仁”，即内在的修养、人格的提升。孔子的教学总纲只有十二个字：“志于道，据于德，依于仁，游于艺。”如果深入研究一下，我们发现，这十二个字都与修身做人有关。

不仅仅是《论语》，我国古代教育学的第一部专论《学记》所讲的也有相通之义。《学记》开篇就是：“发虑宪，求善良，足以谀闻，不足以动众。就贤体远，足以动众，未足以化民。君子如欲化民成俗，其必由学乎！”意思是说，执政者发布政令，征求品德善良的人士辅佐自己，可以得到小小的声誉，但不能够打动群众的心；如果他们接近贤明之士，亲近和自己疏远的人，可以打动群众的心，但不能起到教化百姓的作用；君子如果想要教化百姓，并形成良好的风俗，就一定要重视设学施教啊！看来，办学的目的，关键在于“化民成俗”，即以文化人。所以从这个方面讲，学习最重要的也是在修身做人上下功夫。

如《大学》《中庸》等，也莫不是如此。《大学》开篇是“大学之道，在明明德”，“明明德”是有深刻内涵的，是很值得思索的。实际上，这个

"道"呢，也不是泛指的一般的道理，它是高尚品位的终极指代。《中庸》开篇也是谈"道"："天命之谓性，率性之谓道，修道之谓教。"意思是说，人的自然禀赋叫作"性"，顺着本性行事叫作"道"，按照"道"的原则进行修治叫作"教"。接着还说"道也者，不可须臾离也，可离非道也"，"道"是不可以片刻离开的啊，如果可以离开，那就不是"道"了。

这些经典所强调的都是一样的，即把修身摆在第一位。如果自己身不修，就不可能更好地发展，更谈不上去"达人"了。所以人要遵循"修身、齐家、治国、平天下"的脉络依序而行，这样才能使生命持续发展。

孔子也常常谈到"好学"的问题，但他的"好学"与今天我们常说的意思并不完全相同，他更多是从修身做人方面谈的。比如他说："君子食无求饱，居无求安，敏于事而慎于言，就有道而正焉，可谓好学也已。"（《论语·学而》）什么意思呢？君子饮食不要求饱足，居住不要求舒适，勤勉地做事，谨慎地说话，接近有道德的人，以匡正自己，这样可以说是好学了。孔子完全是从人格生成和修身做人来谈的。孔子三千弟子、七十二贤人中，颜回的学问不是最大的，但是孔子最喜欢他，原因是颜回人格道德高尚。鲁哀公曾问孔子："弟子孰为好学？"你的弟子当中谁最好学？孔子是这样回答的："有颜回者好学，不迁怒，不贰过。不幸短命死矣。今也则亡，未闻好学者也。"（《论语·雍也》）孔子说颜回是自己的学生中最好学的，可惜他命短，年纪轻轻就死了，现在再也没有听说过好学的人了。孔子谈到颜回"好学"的原因就六个字："不迁怒，不贰过。"即不把自己的烦恼和愤怒无故地发泄到别人身上去，不犯同样的错误。这完全是一种道德修养层面的描述。可见颜回是真正领悟了生命的真谛，否则他不会"一箪食，一瓢饮，在陋巷"，还能"不改其乐"。享受过精神之乐的人是不愿意退回去享受物质之乐的。后代很多东西方的大师级人物也都谈过精神需求是人的高层需求，也是真正需求，这种需求绝大多数情况下需要通过读书学习来完成。

王崧舟：很遗憾，社会很浮躁，现实很功利，每个人的价值常常是由别人来估算的，“我重不重要”的评判权是掌握在别人手中的。于是，我们只好不断地往外求，求得别人的关注、理解、尊重、赏识，一味外求的结果必然导致心灵的四分五裂。只有从内心深处把阅读经典上升到灵魂解放、提升境界的高度，我们才能进入文化、思想和历史的大视野，孕育出整个民族强大的精神生长力量。

凝聚智慧

陶继新：读书不但能提升我们的人生境界，形成我们的话语系统，而且能使我们增长智慧。知识和智慧是不在一个层面上的，也是不可相提并论的。知识，它更多是关注事物，智慧则是反观人生。如果仅有知识，我们眼中看到的一块石头就是一块石头，一个茶杯就是一个茶杯。有了智慧之后，我们就能领悟到“一花一世界，一叶一菩提”的美好。我们就可以从一块石头里面发现一道风景，从一个茶杯里发现灵魂所系，就能在这个喧嚣的社会里保持内心的淡定，就能做到“不被物碍，不被法缚”，生命始终处于一种最优的状态中。所以，读书不仅仅在于汲取知识，更主要是通过这个媒介来提升人的智慧。

听您的课，有的教师关注了您诗意的语言，这固然是重要的；可是，隐藏在语言深层的智慧则更值得关注，那是厚重的文化内化到您心里然后又外化出来的思想意蕴。所以，请您谈谈，怎样才能更好地凝聚智慧。

王崧舟：智慧是什么？我想起这么一个有趣的故事。国际上有一个叫门萨俱乐部的组织，成员据说已经超过十万人。这是一个聪明人云集的组织，成员的智商都在 140 分以上，是一个名副其实的顶级智商俱乐部。几年前，美国旧金山市举办了一次门萨大会。会议期间，几个门萨会员到当地的一家小餐馆吃午餐。在吃饭过程中，他们发现餐桌上一个标识着“盐”的瓶子里装的是胡椒粉，而标识着“胡椒粉”的瓶子里装的却是盐。于是，这些高智商的人就开始思考问题了，什么问题呢？怎样在没有任何抛洒的情况下，只借助餐馆里现有的工具，把两瓶调料换过来。

这些人智商都非常高，自然不会畏惧这个挑战，于是满怀热情地接受了这个挑战，因为他们是门萨会员！

几个人热烈地探讨着，一个个主意和方法被呈现出来。最终，他们选定了一个最充满才气的解决方案。这个方案只需要一张餐巾纸、一根吸管、两个空碟子就可解决问题。他们把服务生叫了过来，打算在她面前炫耀一下他们绝妙的解决办法："小姐，餐桌上的盐和胡椒粉装反了。不过，我们已经为你想出了一个最好的解决方案！我们只需要你为我们拿来一张餐巾纸、一根吸管……"

"噢，对不起！"服务生没等门萨会员将话说完，拿起盐瓶和胡椒粉瓶，将上面分别写着"盐"和"胡椒粉"的瓶盖拧下，调换后，分别盖在了各自的瓶上。

这些高智商的门萨会员眼睁睁地看着这一幕，目瞪口呆。

我讲这个故事，首先是想把高智商和智慧区别开来。我们往往会有这样一个误解，以为智商越高的人也越有智慧。其实，智商和智慧是两个不同的概念。

智慧不可言说，智慧也没办法教，智慧实际上是心性之光的自然呈现。古人读书的最高境界，就是求道、悟道、传道。儒、释、道三家之所以能会通成一体，就是因为它们最终都指向"道"。关于"道"，我的理解就是生命的实相，也就是宇宙的实相。孔子说"朝闻道，夕死可矣"，说明这个"道"对于读书人的意义甚至可以超越死亡，超越生命。这已经上升到形而上的情怀了。生命诚可贵，爱情价更高。若为悟道故，两者皆可抛。所以孔子才会说："学而时习之，不亦说乎？"我们很多老师觉得很奇怪，学习读书很累啊，没有内在的那种喜悦。什么原因？绝大多数人理解的"学而时习之"是指向知识，但是我的理解：老子也好，释迦牟尼也好，孔子也好，他们也学习，而且是终身学习。他们学的不是所说的知识，而是"道"，他们悟的是“道”，他们求的是“道”。他们的最高价值指向是这个“道”，所以求道、悟道的过程是让自己的心性解放、解脱的过程。毫无疑问，那种内在的喜悦是其他任何东西，比如说给你一个官位，给你一套房子所无法比拟的。真正的智慧来自哪里呢？也许真正的智慧就来自你求道、悟道的这个过程。可能我们毕其一生，不一定能真正悟道，但是我觉得这个过程本身就是一种智慧，这个过程本身就有哲学的意义和价值。哲学就是爱智慧，当我表现出爱智慧的时候，我觉得智慧这个种子已经在里面了，至于种子能否开花、何时结果，那要看各自的造化和机缘了。

我还有一个体会，有的时候我会觉得累了，可能是书读得太多了。书读得太多以后，满脑子填塞的是知识、是信息，结果那个“道”反而出不来了。因为“道”需要一种虚极的状态、静笃的状态，也就是一切清空、一切归零的状态。所以读书有时候需要停下来，让自己出个神、发个呆，甚至打个盹儿。在这个清空的过程当中，也许那个“道”就会突然光临。我有时候会有那种体验，但那个体验是瞬间的。当你有那种体验时，感觉在当下整个身心彻底破碎，整个人就会融入生命的实相当中，那种“学而时习之，不亦说乎”的喜悦，真的是其他任何喜悦都无法替代的，这种体验就是马斯洛所说的高峰体验。我觉得一个人如果读一辈子的书，没有遇见过一两次这样的高峰体验，是一件非常遗憾的事。

陶继新：佛曰，不可说，不可说。就是您刚才所说的智慧是不可言说的，要靠个人自己去悟、去体验。禅宗历史上有两个著名的偈语，一个是神秀的：“身是菩提树，心如明镜台。时时勤拂拭，勿使惹尘埃。”一个是六祖慧能的：“菩提本无树，明镜亦非台。本来无一物，何处惹尘埃。”前者是渐悟，后者是顿悟，而智慧往往生于顿悟之间，往往产生于“无一物”的体验中，就像您说的在整个身心彻底破碎之时。我有时也有这种高峰体验。

读书多很好，但选择更重要。我认为，有些人读的书并非好书，品位比较低下。孔子选《诗》三百零五首。这三百零五首是精髓，为什么？“《诗》三百，一言以蔽之，曰：‘思无邪。’”孔子的时代中国没有多少书，现在我们不用太长时间，就可以把当时的书都读完。现在我们每一天出的书比那时所有的书要多得多，但是有一个不可思议的现象：这么多的书，这么多人在读，但中国现在，特别是1949年后出生的人中间，出现了很多的学者、专家，却鲜有大师。而先秦时代，出现了老子、孔子、墨子、孟子、庄子、荀子、韩非子等，都是大思想家。真是不可思议啊，为什么读那么少的书，却成就了这么一大批大思想家。我想其中原因之一就是他们读的书好。所以我一直都认为，读书得读好书。

王崧舟：您讲到的好书，有相当一部分是文化经典，就中国文化而言，这批经典大多出现在先秦时期，像您刚才讲到的《老子》《论语》等。其实，就世界范围看，到现在仍然深深影响着人类精神的经典也大都在那个时期产生，这就是德国人雅斯贝尔斯所讲的“轴心时代”。

我记得雅斯贝尔斯在他的代表作《历史的起源与目标》中说过，公元前800年至公元前200年，尤其是公元前600年至公元前300年，是人类文明的“轴心时代”。这段时期是人类精神文明的重大突破时期。在轴心时代，各个文明都出现了伟大的精神导师：希腊有苏格拉底、柏拉图、亚里士多德，以色列有犹太教的先知们，印度有释迦牟尼，中国有老子、孔子……他们提出的思想塑造了不同的文化传统，也一直影响着我们的生活。更奇怪的是，虽然这些地方相隔遥远，但它们在轴心时代的文化有很多相通的地方。

在那个时代，希腊、以色列、中国和印度的古代文化都发生了“终极关怀的觉醒”。它们都对心性进行探索，它们都有悲悯天下的情怀；它们还关注每个人，它们也都认识到万物一体……这是它们对原始文化的超越和突破，而超越和突破的不同类型决定了现在西方、印度、中国等不同的文化形态。

因此，轴心时代传承下来的书，是人类的精神原典。原典比经典还要经典，原典是众多经典的文化源头、精神原型、心灵原乡。在有限的时间里，读原典的书应该是最能升值的。

陶继新：作为中国传统文化精髓的儒释道三家，它们本身充满和谐圆融的智慧，而且对“道”的追索从未停止。孔子谈“道”，他说“吾道一以贯之”，就是“我讲的道是由一个基本的思想贯彻始终的”。他的弟子曾子解释说：“忠恕而已矣。”一个是忠道，一个是恕道。所谓忠道呢，“己欲立而立人，己欲达而达人”，自己要站得住，同时也使别人站得住；自己要事事行得通，同时也使别人事事行得通。所谓恕道就是“己所不欲，勿施于人”，自己不喜欢干的也别强加于别人。所以孔子的教学总纲只有十二个字“志于道，据于德，依于仁，游于艺”，而且把“志于道”放在第一位。释迦牟尼也是这样，抛弃富贵，终于参悟成佛。《老子》开篇就说了：“道可道，非常道。名可名，非常名。”他又说：“道生一，一生二，二生三，三生万物。”他的这个“道”则是蕴含在宇宙万物之间的一个看不见的生命实相或者是一个生命规律。

我认为达到道的境界需要两个元素，第一个就是得读有“道”的书，我把它称为“天书”，得读天书，不然进不了“道”的境界。第二个就是要有丰富的生命经历和实践。有一段时间年，我忍饥挨饿，精神也遭受了较大的痛苦。这些经历恰恰跟触摸“道”都有关系，因为上层的“天书”和生命经历发生了碰撞，才能有特殊的感悟，才有道的显现。

我经常在想一个问题，为什么我非常喜欢陀思妥耶夫斯基的《卡拉马佐夫兄弟》，它好在哪里呢？小说中的任何一个人似乎都是大思想家，里面的好多话语都是智慧话语。这与陀思妥耶夫斯基经历的磨难关联紧密。当他被押到刑场，马上就要被枪毙时，生死关头突然来了一个命令，改判流放。之后他就跟一批十恶不赦的罪犯以及一些被冤枉的善良之辈，一起被流放了。在流放过程中，他承受了常人不可想象的磨难，见识了各种各样的人。正是这些经历，使他在写小说的时候不断地思索真理的本质、宽恕的重要。小说不是文字游戏，作者没有经历是写不成小说的。包括曹雪芹写《红楼梦》也是这样的，曹雪芹如果没有自己家世兴衰的亲身经历，是写不出这部中国小说的巅峰之作的。小说是虚构的，但是如果没有任何生活原型，它就再现不出来艺术的真实性。

王崧舟：孔子讲“道不远人”，已经把您所讲的悟道的两个元素融为一体了。一方面是“人能弘道，非道弘人”，离开了人心就离开了道；另一方面，道从来就不是高高在上的，道不是说非要出家，非要做了和尚、尼姑才能去悟、去行的。事实上，道就在平平淡淡、实实在在的生活中，从我悟起、从身边悟起、从小事悟起。

我们都是教师，对于教师来说，智慧应该主要体现在他的课堂上。一个充满智慧的语文教师，他的课堂应该存在三种境界：人在课中、课在人中，这是第一重境界；人如其课、课如其人，这是第二重境界；人就是课、课就是人，这是第三重境界。境界越高，课的痕迹越淡，终至羚羊挂角，无迹可求。因此，课的最高境界乃是无课。这是一种高智慧、大智慧。

智慧课堂的第一重境界是彰显“在”的智慧。我“在不在”课上，这很重要。有人会觉得奇怪，我在上语文课，我怎么可能不在现场呢？我觉得，此处的“在”大概涉及三个层次，第一层次叫“身在”，持“奇怪论”者，大多是“身在论”者，因此，觉得奇怪也就不足为怪了；第二层次是“意在”，指教师能全身心地投入课中，一心一意、专心致志，这一层次已经触及我所讲的佳境了；第三层次是“思在”，笛卡尔有言“我思故我在”，课能上出自己的思考、上出自己的思想，这才是哲学意味上的一种“人的存在”。有些老师是在上课，身在、意也在，但他上的不是经由自己独立思考、独立批判、独立创造的课，而是人云亦云的课、照本宣科的课、囫囵吞枣的课，这就是“身”在场而“思”缺席的课。严格地说，第一重境界，应该是“思在”之课。这重境界的实现，关键在于坚持和尊重自己的独立思考，上经过自己思考的课。

智慧课堂的第二重境界是要把握“如”的智慧。“如”者，不仅是“好像”之义，更是“适合”之义。课的风格，就像你的性格、你的人格。也因为课的风格与人的风格在深层次上具有同构之故，才称得上真正意义的“适合”。对待“课”，既有“事业”的态度，也有“科学”的态度，更有“艺术”的态度。“如”的境界，已是自觉地将“课”作为一种艺术加以追求了。

艺术的成熟，常常以“风格”的形成为重要标志。形成课的风格，我以为在很大程度上取决于对自我、对主体的一种深刻尊重和理解。人越是高扬主体性，越是彰显自己的人格魅力的智慧，课的风格也就越鲜明、越自然、越具魅力。从这个意义上讲，最好的风格就是“本色”。本色的课拒绝机械模仿，拒绝东施效颦，拒绝削足适履。人格的洒脱一定折射为“课”的洒脱，人格的严谨自然融化为“课”的严谨。实现这重境界，关键在于上最适合自己的语文课。

智慧课堂的第三重境界是要洞悉“即”的智慧。“即”者，“当下”也，“实现”也，“即心即佛”也。你的人生，存在于“课”的每一个当下；课的每一个当下，成就了你的人生。语文人生、人生语文。糟糕的、浮躁的、粗野的、暴戾的语文课成就了你糟糕的、浮躁的、粗野的、暴戾的人生；反之，诗意的、宁静的、优雅的、温婉的语文课成就了你诗意的、宁静的、优雅的、温婉的人生。这实在是职业生命的不二法门、无上智慧。自然，此处所言为佳境，当是语文课的一种积极的当下的实现。我在上课，但我同时又是在享受上课。我在课堂上彻底敞开，全然进入课堂中的每一个当下，和学生情意相融、心心相印，我彻底打开自己的生命，让生命中的每一个细胞、每一寸肌肤去感受、去触摸、去体认课堂中的每一个当下，我会在不经意间邂逅生命的高峰体验，我会在课堂上率性而为，和学生一起欢笑、一起流泪、一起沉思、一起震撼。于是，我就是“课”、“课”就是我，我和学生一起全然进入一种人“课”合一的境界。这种境界是什么？这种境界就是诗意，就是自由，就是深深的幸福感。要实现这重境界，关键是要体验、把握语文课的每一个当下。进入“即”的境界，也就是夫子所谓的“从心所欲，不逾矩”了。“课”的所有规范、所有准则，因为嵌入了自己的生命和灵魂，成为自由和率性的道场。无课的课，才是课的最高境界。

这重境界已经接近道的境界了。对于道，我也有过跟您类似的经历。1994年的年底，我得了一场大病。那场病来得很突然，几乎没有任何前兆。接着是死里逃生的一段煎熬与挣扎。出院那一刻，我从来没有如此真切、如此强烈地感受到“世界很美，活着真好”这八个字的含义。我突然对自己的疾病充满深深的感恩。可以这样说，这场大病以直刺骨髓的痛感将活着的意义之问抛向了毫无防备的我。这不是一个用头脑来思辨的问题，这是一个只能用置身“实感”的生命去探寻的问题。在没有苦难当头的时候，回答这个问题易如反掌，却毫无意义。唯有大难突降的生死关头，活着的意义才能被彻底擦亮。在那一刻，我有一种终极关怀的觉醒，有一种与道同在的幸福与喜悦。

陶继新：我还想说的正是这种感觉，当智慧形成以后，随之而至的就是无限的希望与快乐。孔子说：“知者不惑。”他还说“知者乐”，智者快乐啊！为什么快乐呢？因为不惑了，烦恼少了。像古希腊著名的思想家、哲学家、教育家苏格拉底，雅典法庭判他死刑，喝毒药。他完全可以有机会逃跑，但是他不跑，而是很从容地把毒药喝下。为什么？他对于死亡有了完全的智性认识，生命在整个的宇宙当中，今天结束和明天结束没有太大的不同。这样的一个大智慧者，面对死亡他也没有恐惧了，生死于他都是很快乐的。

智慧和知识的作用也是大相径庭的。我发现有的人读了一辈子书，仍然愁眉苦脸，生气不止。就像一个老农种了很多庄稼，到了收获的季节却没有收获一样。因为这些人学的仅是知识，而没有生成智慧。假如有两把宝剑，一把是知识，一把是智慧。烦恼来的时候，手握知识宝剑的人，他想拔出这把宝剑去斩断烦恼，可是，非常遗憾，因为苦于找不出烦恼的真实所在而无从下手；手握智慧宝剑的人，烦恼到来的时候，则可以“嗖”地把宝剑拔出来，清楚地找到烦恼所在，霍然将其斩断。

我曾经听过这样一个故事。

多年以前，在奥斯威辛集中营里，一个犹太人对他的儿子说：“现在我们唯一的财富就是智慧，当别人说一加一等于二的时候，你应该想到大于二。”

纳粹在奥斯威辛毒死了数百万人，父子俩却活了下来。

1946年，他们来到美国，在休斯敦做铜器生意。一天，父亲问儿子一磅铜价格是多少？儿子说35美分。父亲说："对，整个得克萨斯州都知道每磅铜的价格是35美分，但作为犹太人的儿子，应该说3.5美元。"

二十年后，父亲死了，儿子独自经营铜器店。他做过铜鼓，做过瑞士钟表上的簧片，做过奥运会的奖牌。

他曾把一磅铜卖到3500美元，这时他已是麦考尔公司的董事长。然而真正使他扬名的，是纽约州的一堆垃圾。

1974年，美国政府为清理给自由女神像翻新扔下的废料，向社会广泛招标。但好几个月过去了，没人应标。正在法国旅行的他听说后，立即飞往纽约，看过自由女神下堆积如山的铜块、螺丝和木料后，未提任何条件，当即就签了字。

纽约许多运输公司对他的这一"愚蠢"举动暗自发笑。因为在纽约州，垃圾处理有严格规定，弄不好会受到环保组织的起诉。

就在一些人要看这个犹太人的笑话时，他开始组织工人对废料进行分类，他让人把废铜熔化，铸成小自由女神；把水泥块和木头加工成底座；把废铅、废铝做成纽约广场的钥匙。最后，他甚至把从自由女神身上扫下的灰包装起来，出售给花店。

不到三个月的时间，他让这堆废料变成了350万美元现金，每磅铜的价格整整翻了一万倍。

犹太家庭里的孩子在他们的成长过程中，负责启蒙教育的母亲们几乎都要求他们回答一个问题："假如有一天你的房子被烧了，你的财产就要被人抢光，那么你将带着什么东西逃命？"孩子们少不更事，天真无知，自然会想到钱这个好东西，因为没有钱哪能有吃的、穿的、玩的？也有孩子说要带着钻石或者其他珍宝出逃，有了它，还愁缺啥？可这些显然不是母亲们所要的答案。她们会进一步问："有一种没有形状、没有颜色、没有气味的宝贝，你知道是什么吗？”要是孩子们回答不出来，母亲就会说：“孩子，你要带走的不是钱，也不是钻石，而是智慧。因为智慧是任何人都抢不走的。你只要活着，智慧就永远跟着你。”

王崧舟：读书增长智慧是一个方面，但精神的升华还有一个方面也不可或缺，那就是慈悲。佛家讲“悲智双运”，其中的深意恐怕需要我们细细思量。有人打过一个比方，“悲智双运”就像一个鸡蛋，慈悲是蛋黄，智慧是蛋白，蛋白供应营养给蛋黄，最终成就的是蛋黄——慈悲。没有慈悲做根基，智慧就会出偏差，俗话常说“聪明反被聪明误”，老子也说过“绝圣弃智”的话，就是这个道理。

我读过这样一个禅理故事，特别让人感动。

有一天黄昏，一个男人溜进寺庙，来到功德箱前面。白天，这个男人曾来过一次，看到很多人往功德箱里放钱。现在是黄昏，四周没有人，男人便将功德箱抱起来，从里面往外倒钱。

其实呢，大殿拐弯儿的角落里，庙里的小和尚和师父对这个情况看得清清楚楚。小和尚说：“师父，有人偷钱！”师父说：“我知道。”小和尚说：“我们去把他抓住……”师父说：“不用。”小和尚急了：“师父，为什么啊？他偷了我们的钱，他是小偷！”师父说：“他不是小偷，那不是我们的钱……”“那怎么不是我们的钱呢？”小和尚盯着师父。师父说：“那是人们放进去的钱，现在有人需要它，取出来，怎么算是偷呢？”小和尚听了默默无语，他眼睁睁地看着男人将功德箱里的钱取走。

等男人一走，小和尚就跑到功德箱前面，他往里面看了看，说：“师父，里面还有钱！”师父点点头说：“他只是拿走了他需要的那一部分。如果他是小偷，还会留钱在里面吗？”

没想到的是，第二天黄昏，那个男人又趁着大家吃晚饭的时候溜进了寺庙，看看四周没有人，又将功德箱放倒取钱。

这一次，小和尚和师父依然看了个一清二楚。小和尚见了，说："师父，他是小偷，他又偷我们的钱了！"师父说："人放钱，人取钱，人的钱人花，何为偷啊？昨天他取走一部分，因为不够，再取走一部分，有何不可？"小和尚非常生气，可不敢发作，只好眼睁睁看着男人取走功德箱里的钱。

等男人一走，小和尚就跑到功德箱前面，他往里面看了看，发现里面还有钱，心想男人总算不太坏，便作罢。

这以后，男人再也没有来寺庙。

一年之后，这个男人再次踏进寺庙。他来的时候不是黄昏，而是上午。男人进了大殿，拜了佛，来到功德箱前面，打开皮包，掏出厚厚一沓钱塞进了功德箱。旁边的人都张大了嘴巴，心说这男人也太慷慨了。

小和尚看到这一幕，忍不住走上前去，问男人为何这么大方。男人提到了一年前的事，他说自己那时候走投无路，非常需要钱，看到功德箱里的钱，就打起了歪主意，功德箱里的钱让他绝处逢生，现在他的日子好了，他就来加倍奉还。

小和尚把这事告诉了师父，师父说："每个人都有困难的时候，只要我们给别人一条出路，别人就能走出困境，最终，我们也能得到加倍的回报。功德箱，那是人们的功德箱，也是我们的功德箱啊！"

后来，这事传开了，寺庙的住持便特地放了一个功德箱在寺庙门口，小和尚专门负责管理这个功德箱。每天，小和尚都会往功德箱里装钱，让那些需要帮助的人去取钱。开始的时候，白天装满钱的功德箱，第二天一早就变少了，可是几个月后，再也不用小和尚往功德箱里装钱了，每天早上，功德箱里都是满满的一箱钱，小和尚不得不取出很多钱，否则，里面就装不下了。那里面的钱，有的是有人加倍奉还的，有的是有人捐献的。加倍奉还的人想感恩，捐献的人想行善帮助他人。

我们当然也能从师父的回应中看出他的智慧，但真正触动我们心灵的，还是这位师父的慈悲心。因为慈悲，所以理解，所以有智慧显现。一颗慈悲心，唤醒了整个世界的慈悲。

丰富语言

陶继新：读书不仅仅有助于我们生成慈悲与智慧，还可以丰富我们的语言。每次听您讲课的时候，都能感觉到您的语言具有强烈的感染力，且极其自然，如行云流水；同时，又极富诗意，韵味悠长。您的这一教学特色，与您读书是不是有着一定的关系呢？

王崧舟：确实如您所讲，书对一个人的影响是全方位的，所以中国古人常常将“读书”和“水”这个意象联系起来，比如说“虚心涵泳”，比如说“浸润”，比如说“耳濡目染”。这些词语说明这样一个现象，我们读书就像是整个人进到水里面，它是全方位的浸润，全方位的感染，全方位的陶冶。它改变人的思想，人的灵魂，人的精神，人的内在心性。读书既改变这些形而上的东西，也改变那些形而下的东西。比如你的举手投足、谈吐言词。所以黄庭坚说过：“人不读书，则尘俗生其间，照镜则面目可憎，对人则言语无味。”

我当初读书，并没有刻意要通过它来提升自己的表达，改变自己的谈吐，但是不知不觉中，我的话语、我的谈吐、我的课堂语言、我与学生的对话等，就这么改变了、改变着。有时候我甚至会有这样一种体验，讲到酣畅处，不是我在说话，而是话在说我，好像话本身成了主人，带着我、推着我、拽着我一个劲儿地向前走。古人常说的“腹有诗书气自华”，讲的也就是这个道理。

陶继新：您说的这番话，让我想到现代文学大师巴金老人。他在世的时候，有一次接受记者采访。记者问他："巴老，您的语言那么好，那么符合语法规范。请问，您的语法是怎么学的呢？"巴老的回答完全出乎记者的意料："我没学过语法。"记者说："不可能啊，我认真研读了您的作品，几乎没有不符合语法规范的。"巴老说："我真没学过，直到现在还不知道什么叫语法呢！"这个记者很疑惑："那么《家》《春》《秋》这些小说，您是怎么写出来的？"巴老说："我把《古文观止》背诵过之后，就写出来了。"《古文观止》所选之文上起先秦，下至明末，反映了先秦至明末散文发展的大致轮廓和主要面貌，蕴含着丰富的历史知识、成熟的人生经验、隽永的文章美学，乃至博远的宇宙哲理。可以说《古文观止》是中国古代最优秀的散文荟萃，像诸葛亮的《出师表》、范仲淹的《岳阳楼记》、欧阳修的《醉翁亭记》等，都收入其中。

王崧舟：由此我还想到茅盾，他能把《红楼梦》全部背诵下来，一开始有人还不相信。

陶继新：这个不相信的人就是郑振铎嘛。当年开明书店的主人章锡琛有一次对钱君匋和郑振铎说："茅盾能背出一百二十回《红楼梦》来。"郑振铎不信。章锡琛说："如不信，可以赌一桌酒，请君匋做证人。如果背出来，这桌酒由你出钱；背不出，由我出钱。是不是赌一下？"郑振铎被章锡琛如此一激，就说定赌一桌酒。席间章锡琛就请茅盾背诵《红楼梦》，并由郑振铎指定一回，茅盾果然应命滔滔不绝地背起来，一背就是半个多小时，将近一个回目，郑振铎这才深信不疑。章锡琛于是哈哈大笑："郑兄你输了，这桌酒你请客了。"

茅盾《子夜》的横空出世与其背诵《红楼梦》显然有着内在的联系。因为《红楼梦》以其个性化的语言与厚重的思想内涵构筑了中国小说史上一座前无古人、后无来者的丰碑。茅盾将它背诵下来之后，尽管并未特别刻意地追求语言美，可是，当经典文本内化到心里以后，外化出绚丽的风景也就有了水到渠成之势。

这几年，我曾多次给记者培训，在给他们做报告的时候，经常会有记者问我这样一个问题："陶老师，我们参加省内乃至全国的新闻写作方法技巧培训班，参加了一场又一场，但是为什么直到今天，我们写起文章来还是捉襟见肘，无法文采飞扬呢？"我就说："这些方法技巧是很重要，但并不是最重要的，最重要的是事情的核心与源头。你把《莎士比亚全集》读上三遍，看看你的语言有没有变化？"莎士比亚是世界语言大师，他的每一句话都是文采斐然的。读过三遍之后，就会被其优美而深刻的语言所浸润。如果在这个基础上，再把其他一些世界大师的作品认真地研读一下，慢慢浸润，最终就会下笔如有神。所以，当你读过大量经典且有一定量的背诵之后，语言便成了一个魔方，任你摆弄，何时需要，即可信手取来，瞬间妙笔生花。没有对经典文本的大量阅读与背诵，就很难抵达语言运用游刃有余的境界。参加培训班架构的不过是一副僵硬的骨骼，而不是丰富灵活的血肉和灵魂。语言的学习其实并不神秘，古人云："孔子家儿不知骂，曾子家儿不知怒。"其实从另一个方面验证了语言输入的质量的关键性。一个人如果长期输入优美丰富的语言，待到输出时如决堤的大坝，那时谁还会想到语法，一切早就自然天成了。

阅读世界名著，会让生命产生飞跃。在我发于微信公众号上的《2020年春节寄语》一文中，有如下内容——

第二个生命节点起始于2018年，已经70岁的我，开始用时用心地听读世界名著。之所以说是听读，是因为不少场合，无法阅读名著文本，只好通过喜马拉雅来听。比如晚上独自一人在小区院子里散步的时候，我便打开蓝牙音响，沉浸于那妙不可言的文学世界里。尽管在几十年前我也读过一些世界名著，可是数量较少，也没有像现在这样用时之多与痴迷之深。两年时间，我已经听读了几十部世界名著。而让我感到惊奇的是，再写文章的时候，不但速度加快了，质量也有了提升。如果说好多年前我就已经在写作的大海里畅游的话，现在则已经登上了审美的殿堂。只要有了素材与思路，如泉涌一般的灵感便会一泻而出，五六千字的文章，常常在一天之内便可完稿。

不过，有时我也会回观二三十年前自己所写的文章，尽管文通字顺，有些地方还会有灵光一闪的生动描写或理性升华，可从总体上来说，远远没有达到现在的水平。尽管已有50多本著作问世，可其中有些作品，并非我的理想之作。有时甚至在想，是不是将其焚毁，不再让它勾起我悲伤的回忆。可又一想，还是决定留存下来，让它们作为我成长的见证，以及督促我更加努力的载体吧！

当然，近几年由江苏凤凰教育出版社出版的几本书，以及由齐鲁书社出版且入选“中国教育报2018年度教师喜爱的100本书”的《做幸福的教师》、由福建教育出版社出版且入选“中国教育报2019年度教师喜爱的100本书”的《陶继新论道名师》，则基本反映了我近年来的写作水平，有些还引起了比较强烈的反响。

可是，每逢听读世界名著的时候，又觉得那是一座座让我终生高山仰止的文学丰碑，似乎不管自己如何努力，也不可能达到那么高的境界。于是，我就在反思自己：是他们比我聪明吗？有点，但不尽然。因为他们从小就徜徉在世界文学名著里，长年累月在大师“道法自然”而又美得绚烂的语言的洗礼下，其语言也就有了独具一格之美。当然，这跟天赋不无关系，也有人格与阅历等其他因素。可是，仅语言一项，就让我佩服得五体投地。所以，我永远没有资格标榜自己的著作水平之高，只能说没有在同一个平面上滑移，略有进步而已。

毋庸讳言，有的人迄今还没有走进这些大师的文学领地里，而是茫然无知甚至悠然自得地阅读一些文化次品甚至文化垃圾。如是而读，即使读上100年，也不可能让自己在写作的时候妙笔生花，也不可能构建起属于自己的伟岸人格的精神大厦。

多么希望更多的人在“逝者如斯夫”的时光流逝中，让自己与大师为伍，让生命不再平庸。

这并不是说我从来不读文化品位一般的文章或著作，至少在30年前，我的经典阅读意识并不太强，这已经成为我不堪回首的往事，已经无法挽回。我不希望大家重蹈我以前的覆辙，像我一样今天依然感到遗憾，而是希望大家通过经典诵读，来升华生命的境界。

明天就是春节，新的一年就要开始了，希望大家在读书方面比我更早觉醒，多用点时间，去诵读古今中外的经典，以此来丰盈自己的生命。

王崧舟：这就是我一直在倡导和践行的一个概念，语感。我们都有这样的经验，自然而然的语言表达常常是不假思索、脱口而出的。这背后的支撑是什么？是语感。

那么，什么是语感呢？据我所知，最早提出语感这个概念的是我的老乡，浙江上虞籍的教育家夏丏尊先生。他对语感曾经做过这样一番精彩的描述：“在语感锐敏的人的心里，‘赤’不但解作红色，‘夜’不但解作昼的反对吧。‘田园’不但解作种菜的地方，‘春雨’不但解作春天的雨吧。见了‘新绿’二字，就会感到希望、自然的化工、少年的气概等等说不尽的旨趣，见了‘落叶’二字，就会感到无常、寂寥等等说不尽的意味吧。”我们从这段描述中可以看出来，语感就是对文字的灵敏的感觉。而夏先生的亲家，我国现代语文教育大家叶圣陶先生则把语感的对象由文字扩展为语言文字。叶老特别强调这样一点：“不了解一个字一个辞的意义和情味，单靠翻查字典辞典是不够的。必须在日常生活中随时留意，得到真实的经验，对于语言文字才会有正确丰富的了解力，换句话说，对于语言文字才会有灵敏的感觉。这种感觉通常叫做‘语感’。”

我们从两位教育家对语感的理解中可以发现一点，语感不是一种简单的对字面意思的理解，语感往往着眼于“字”“辞”本身的意味和情趣。

当然，对语感的理解也是与时俱进的。当代语文教育大家吕叔湘先生从语言学的角度把语感具体化为语义感、语法感、语音感等。学者叶蜚声、徐通锵等人还从中国人与外国人学汉语的比较中论述了对语感的见解。比如，外国留学生使用汉语出错的例子，如“太阳升起在浩荡的平原上”“尽管天塌下来，我也能顶得住”，中国人听到或者读到这些句子，都会感到别扭，觉得有些地方不像中国话。因为我们心底有一种“像”中国话的“像”的标准，这就是语感。

我特别想说的是王尚文先生，在我看来，他对语感的论述尤为精辟、尤为宏阔。他在自己的专著《语感论》一书中，对语感的性质、特征、功能、机制、心理因素、语感与美感的关系以及语感的形成与创造等诸多问题进行了全面、深入而独到的研究，新见迭出，精彩纷呈。这部标志着我国当代语文教学第三次浪潮崛起的学术论著，其中的每一段话、每一个句子，甚至每一个字都充满了深厚的人文底蕴、精湛的思想张力和独特的创造灵性。他大胆吸取现代哲学、美学、语言学、心理学等领域的最新成果，对语感研究做出了非常重要的贡献。

总结诸家之说，语感是一种个体的语文修养，是个体迅速地感悟和运用语言文字的能力，这种能力是具有浓厚的经验色彩的。

陶继新：语感问题的确是语文教学的一个核心问题。但是，这个问题并没有引起一线语文教师的广泛重视，更不要谈在教学实践中一步一步地加以落实了。

教师之教，很多时候是以语言为载体的。其语感的优劣，会让教师呈现出两种截然不同的师者形象，也会“于无声处”影响着学生的生命样态。有的教师出口成章，而又具有“道法自然”的美感，让学生听起来如沐春风，从而在这种优美语言的洗礼中，让自己的语言也逐渐变得优美。有的教师说起话来词不达意，甚至比较粗俗，这无异于向学生不断地投放语言垃圾，久而久之，让学生的语言与美挥手告别。从这个意义上说，教师读书，不但关乎到自己的生命成长，也重塑着学生的语言系统。

所以说，教师阅读经典名著至关重要。开始阅读的时候，有的教师也许会说工作太忙，无暇阅读；或者说阅读古代经典过难，少有兴趣。可是，当决不放弃地阅读相当一段时间后，就会形成习惯，如同吃饭睡觉一样自然。而继续走过一段较长的阅读之路后，便再也割舍不下。这些年来，我就有这种感受。每天将近一个小时的古代经典阅读甚至背诵，让我在聆听智者的教诲时，有了一种其乐无穷的感觉；而每天两个多小时的阅读或听读世界文学名著，常常让我忘记日月之运行、时光之流逝，有一种“登山则情满于山，观海则意溢于海”的妙不可言的快感。于是，我体会到了孔子之言的奥妙：“知之者不如好之者，好之者不如乐之者。”有专家说，这里的“知”，主要是从求知方面来说的，“好”则有道德的意义，而“乐”则有了审美的意义。

有了审美的况味，阅读就会乐此不疲。当天天徜徉于阅读天地的时候，教师的教学，就会别具风采。因为通过阅读的生命滋养，能够渐渐地构建起属于自己的语系，拥有超越常人的思想与智慧。虽然未必如一般教师用那么多的时间备课，却有了极佳的效果。愈是如此，就愈有时间读书。如此良性循环，其“备课”就不再是一般意义上的备课，所有的阅读都成了其备课的有力支持。恰如苏霍姆林斯基所说：“每天不间断地读书，跟书籍结下终生的友谊。”

如此幸福的“备课”，收获的不只是学生的喜爱拥戴、教学的轻松高效，还有自我价值的体现以及愉悦的心境与幸福的生命。

几乎所有的教师，都有着巨大的发展潜能，不但可以成为名师，甚至可以成为大师。当你“乐之”而读且又“乐之”备课的时候，名师以至大师殿堂里的女神就会向你招手致意。诚如是，在你游弋于成功的海洋里的时候，也为学生更好更快的成长提供了巨大的能量。这不就抵达了孔子所说的“己欲立而立人，己欲达而达人”的忠道境界，实现自我价值，收获幸福的教育人生了吗？

王崧舟：是的，这是一个非常突出的问题。我们为什么要发展学生的语感？现代语言学认为，人们在实际生活中所说所读所写的并非语言，而是言语。一个人的听说读写能力，准确地说不是语言能力而是言语能力。心理语言学还指出，人们在日常生活中的言语活动主要是在感觉层面上而不是在思维层面上进行的。因此，我们可以认定，语感能力是一个人言语能力即听说读写能力的核心。

我记得叶圣陶先生曾经强调指出："语言文字的训练，最要紧的是训练语感。多读作品，多训练语感，必将渐能驾驭文字。"语感是一种对言语的感觉。这种感觉对学生而言，有则有，无则无；强则强，弱则弱；敏则敏，钝则钝。无不可能假装为有，弱不可能假装为强，钝不可能假装为敏。正如王尚文先生所指出的那样："因为语感不是'东西'，也不是知识、观念、教条，因而不能给予，不能灌输，不能强加，也不能移植，不能'粘贴'。"语感只能从自己的心灵深处慢慢地滋生起来。

我觉得现在我们的孩子就是书读得不熟，这是个很麻烦的问题。因为语感的产生，最后一定得读熟、读烂，最后烂熟于心。像朱熹所讲的"使其言皆若出于吾之口；继以精思，使其意皆若出于吾之心。然后可以有得尔"。只有到了那个程度，外在的语言图式才能内化成自己的语言图式，这样一来，你的谈吐、你的举止，就很自然地会达到那样的高度。但是我觉得现在的孩子，包括成年人也是这样，读书就是浏览扫描、匆匆而过、浮光掠影、蜻蜓点水，没有真正深入到自己生命的底层。所以到了要用的时候，脑子还是一片空白。什么原因？两个字，不熟！特别是那些经典名作，我觉得一定要熟，一定要烂。年纪越小的时候，越是孩子们记忆力超级旺盛的时候，越是孩子们对语言保持天然敏感的时候，因此，一定要用好这个语言成长的黄金期。

陶继新：的确像您说的一样，优质语感的培养远远大于语法的学习。这个优质语感的形成就是刚才您说的，需要大量的经典文本的阅读、熟读，乃至于背诵。这样呢，大量的优质语感就会在大脑中形成一个巨大的语系网络，语言问题就简单了，语法问题也就简单了。

为什么说语法问题也简单了呢？中国的语法，从《马氏文通》1898 年出版，到现在才一百多年。也就是说一百多年前中国根本没有语法，两千多年前的老祖宗更是不懂语法。但是现在我们要学语法，这个语法也是用《马氏文通》做蓝本的。语法是一种外在规范，就像法律，而语感更像是内在习惯，就像品性。依语法而行也是可以的，但是有一种受约束的感觉，写起文章来往往陷于字斟句酌；而语感却是随性而发，自然天成，写起文章来可以一泻千里、下笔通神。尤其是优质语感一旦形成，你不管说什么话，根本不用考虑语法、逻辑、修辞，就像孔子说的，即可以进入到“从心所欲，不逾矩”的境界。

现在的好多老师，常常关注一种浅层次的东西，未能关注语感的培养，所以语文教学就出了大问题。如果把语感问题解决了，语文教学就相对简单了。技巧的学习是有长度的，而语感的形成却是无限的，过度的技巧培养会让学生，尤其是没有丰富文字积累的孩子更加囿于无意义的规矩之中。语感培养出来之后，学生们对于语文的学习兴趣也会大大提升，对于书籍也会产生别样的情愫。

王崧舟：我们现在学习语法的体系其实是西方的舶来品，整个语法体系的学理基础是西方语言的，框架和法则也是西方语言的。实际上这个体系套用在汉语身上会出现很多问题，因为我们自己的语言学习有两个基本常识可能被遮蔽起来了。第一，我们学的是母语，学母语跟学第二语言有很大的不同。第二，我们的母语是汉语，而汉语跟西方语言又有很大的不同。王力先生说“西语”主要指英语，它讲规则，这个规则就是语法。而汉语呢，是“人治”的语言，至少从表面上看，汉语有很多不讲道理、不守规矩的现象。汉语不像西方语言那样讲规则和秩序，它讲什么呢？讲意会！讲神通！学语言要以意会之，以神通之。这是汉语语法的大规则、大秩序。

所以老外学汉语，他有时候会觉得莫名其妙。譬如这样两句话：第一句，我们打赢了美国。第二句，我们打败了美国。你瞧，打赢了是我们赢了，打败了也是我们赢了。不管打赢还是打败，反正都是我们中国赢了！这让初学汉语的老外非常郁闷。这叫什么话呀？打赢、打败都是胜利，简直就是强盗逻辑嘛！

是汉语真的不讲逻辑、不守规矩吗？当然不是的。其实，汉语跟汉字一样，它是块状的，而不像英语，是线性的。块状是一个整体、一种完形。将汉字组合在一起的不是外在的规则和秩序，而是文字内在的精气神。因此，揣摩汉语的语法得靠意会、靠神通，而意会和神通就来自最基础、最纯正的汉语经验。离开了鲜活生动的汉语认知、汉语感受、汉语书写、汉语交流，是学不会汉语的；没有积淀为自己的语感，更是学不好汉语的。

陶继新：说得太有道理了！王力的《古代汉语》，我认真地看了八遍，还做了不少记录。他在《古代汉语》中谈的宾语前置、使动用法、意动用法，以及动词一般用法等，都有言简意明之妙。特别是使动、意动用法，如果放到西方语系中，是不可想象的。中国语法有自己的特点。中国语言的魅力，在于意会，在于品味，在于“于无声处听惊雷”。而有了对经典文本的大量阅读与背诵，也就有了感悟与运用语言的能力。相反，如果硬套西方语法而不顾中国语言实际，就会本末倒置，得不偿失。

王崧舟：对，这个是典型的削足适履。中国文化的经典文本，说白了其实都是文言文本。学汉语，必须要有文言的底子，那是现代汉语的根，也是中国文化的根。

文言学习有许许多多的方法，这里我们不必谈一些具体的方法，我只说方法的方法，也就是“方法论”的问题。学文言的方法论，说到底就是“以熟为本”还是“以知为本”的问题。学文言，传统的方法是多读，熟读成诵、以熟求通。西学东渐之后，有人就开始质疑，质疑的焦点集中在两个方面，一是死记硬背；二是低效费时。于是，就有不少人设想多快好省的方法，想来想去，想出一个“以知为本”的方法。所谓“知”，就是了解文言的词汇和句法的规律，不仅知其然，更知其所以然。而后，就能以知为纲、统摄全目、理路贯通、一通百通。这个方法就是学西方语言的方法，那么它真的省时高效？

张中行先生在他的《文言和白话》一书中说过这样一番话："这想得很好，如果真能行之有效，那就更好。但是这条路像是并不平坦。"其实，说"并不平坦"还算客气，相比于"以熟为本"，这条路才是低效费时的。这是因为：第一，所谓规律，总是烦琐枯燥的，要学生弄懂记牢，本身就是吃力不讨好的；第二，所谓规律，总是抽象概括的，而学生面对的文言却是具体形象的，以概括绳具体，常常令他们茫然无措。所以，张中行先生又一针见血地指出："这是因为只记了术语，而没有熟悉文言的表达习惯；而某词某句在某处表达什么意义，是由表达习惯决定的。""习惯决定意义，因而想确切理解词句的意义，就不能不通晓习惯。想通晓习惯，显然，除熟之外没有别的办法。"

唐德刚先生在回忆自己早年语文学习经历时，发过这样一通感慨："学龄儿童在十二三岁的时候，实是他们本能上记忆力最强的时期，真是所谓出口成诵。要一个受教育的青年能接受一点中、西文学和文化遗产，这个时候实在是他们的黄金时代——尤其对中国古典文学的学习与研读。这时如果能熟读一点古典文学名著，实在是很容易的事——至少一大部分儿童是可以接受的；这也是他们一生将来受用不尽的训练。这个黄金时代一过去，便再也学不好了。"

如何阅读

立志于明道

陶继新：王老师，我们谈了这么多阅读对于生命的价值和意义，那么到此处便引出了一个话题，就是“如何阅读”的问题。我很想听听您的高见，请您谈谈如何阅读？

王崧舟：您谈到孔子的学习，让我有一种豁然开朗的感觉。我突然悟到：孔子对自己一生的回顾，实际上就是一个求道、开悟、明智的过程。比如孔子自己讲：“吾十有五而志于学，三十而立，四十而不惑，五十而知天命，六十而耳顺，七十而从心所欲，不逾矩。”这话有两层含义：第一，学什么？如您刚才所讲，孔子的“学”主要并不指向我们现在所讲的科学知识，或者说自然真理，而是指向道德修为，或者说生命真理，通俗一点讲，就是“学做人”。第二，“志于学”意味着什么？志于学，说明是自己想学，想一心一意地学，把学做人当作了生命理想和憧憬，这是求道的支点。接着呢，“三十而立”，可能我们会把三十而立这个“立”，狭隘地理解为“立业”，其实不是。这个“立”是按照学到的东西去立身行事，是践行，是笃行，是修行。学而不立，非真学；立而不学，非真立。孔子自己呢，是学而立，而且已经小有成就了。然后他说“四十不惑”，这时他就是一个智者了。他认定这个方向，一步一步地迈进，到四十岁，不惑了，这时候，他智慧的境界已经非常高了。“五十而知天命”，什么叫知天命，《中庸》里面第一句话，“天命之谓性”，我觉得天命就是宇宙实相、生命实相在你身上的呈现。我甚至可以断言，五十岁的时候孔子已经开悟了，已经明明德了。

陶继新：非常赞同！孔子的开悟正是源于他从五十五岁到六十八岁周游列国十四年，这十四年成为他生命中因磨难而升华的关键期。经典文化博大精深，内蕴着丰富的哲理。读之愈多，悟之愈深，就愈感到经典有一种神奇的生命能量。比如人们在面对成败、顺逆、得失的时候，往往会情绪变化，甚至会情绪失控。可是，当持续不断地诵读经典之后，就会拥有一种宠辱不惊的心怀。它让我们感到，大自然有风和日丽，也有暴风骤雨，这就是其本然的样态。天天风和日丽，或者天天暴风骤雨，绝非大自然生命的本来面目。人生亦然，有成功，也会有失败；有顺境，也会有逆境；有得，也会有失。成败、顺逆、得失，同样构造了人的一生的自然，谁也无法打破这个生命链条。懂得这个道理之后，在取得巨大成功的时候，就不会得意忘形，忘乎所以；遭遇重大挫折的时候，也不会垂头丧气，裹足不前。比如我读《论语》，读出了乐感文化的孔子；我读《道德经》，读出了“道法自然”的老子等。于是，我就有了顺应生命自然的心灵愉悦。当然，这不是消极状态下的无为，而是积极状态下的有为。至于为而有成，还是为而无成，都不必特别放在心上。在很多时候，当下的无成，恰恰是未来大为的序幕。所以，我不会为当下的无为而痛苦，而是静等花开，相信未来一定会渲染出一片更加灿烂的风景。

王崧舟：对，就是刚才您讲的磨难，用佛学的话来讲，就是“烦恼即菩提”。然后孔子讲“六十而耳顺”，我觉得这个落脚点是“顺”。“顺”是什么？《中庸》第二句话，“率性之谓道”。我觉得这个“顺”就是率性，因循你的天性，因循你的生命，顺其自然地活着，用张中行先生的话来说，这叫“顺生”，顺生就是“道”。孔子在六十岁的时候，已经活出了道的境界。最高的境界是“七十而从心所欲，不逾矩”，那是解脱，是心灵的宁静和自由，是天人合一。我感觉，孔子回顾自己的一生，实际上在告诉他的弟子，告诉后世：我这一生其实就是这样一步一步地求道、开悟、明智的，最后进入生命的巅峰状态，获得最大的解脱和自由，获得最大的幸福。

其实，我们读书也想获得幸福和自由，也想进入生命的巅峰状态。但问题在于，我们对这些精神层面的东西总是习惯于向外面求。外求就一定会遭遇各种束缚、各种秩序，我们的痛苦就来自要不断地解除这个束缚，颠覆那个秩序。我们以为向外面求可以获得自由，其实外面的自由，最后一定是有条件的，一定是相对的。很多时候我们承受的反而是对自由的不满足，因为我们没有明白真正的自由是什么。放下这一切去往内里求才有可能获得真正的自由、内心的自由。我觉得孔子的生命最后到达了这种真正自由的境界，就是他讲的七个字："从心所欲，不逾矩。"所以，称他为圣人也好，称他为智者也好，其实都是一回事。

我们的阅读是不是也有这么一个过程。这个过程的起点，就是"三十而立"的这个"立"。是立业还是立志？这是阅读的起点问题。我觉得读书首先是立志，也就是你为什么读书？你最终必须面对这个问题。这个问题你想明白了，志向就明确了。志向不一定成为非常具体、非常明确的目标，但志向就像激光一样：第一，它有一个确切的方向；第二，它能集聚生命的全部能量。因此，激光就比普通光要厉害得多。读书首先在立志，不管是二十而立、三十而立，还是四十而立、五十而立。总之，立志在人生的任何时候都不晚。怕就怕浑浑噩噩、稀里糊涂，生命能量处于一种涣散、无序的状态。

然后，精进。在读书上要有定力，心无旁骛，不断朝自己求道的方向去读书。至于读什么书，我觉得已经是下一个层面的问题了。其实，读书一旦明志，读什么书就不是什么大问题了。我读书，最终是为了求得生命的解脱和圆满，这就是我的志。这个志有指引力、有吸引力、有牵引力。到时候，不是你去找书读，相反，是书来找你。我读书是比较随性的，不管是哲学的，还是宗教的；是美学的，还是文学的；是专业领域的，还是非专业领域的，只要切近自己的这个志，都读。要说有标准，唯一的标准就是它最终能让我开悟，能让我获得生命的高峰体验，能让我的精神走向真正自由。我不在乎这个书的名声，不在乎现在流行什么书，我只在乎那书是否与我“通心”，也就是合我之志，而且更能强我之志。

我有时候在想，书不一定要读得太多，金克木先生有一本书叫《书读完了》，一开始，我对老头狂妄很不以为然。后来，翻翻他的书，他讲得还真有道理。实际上，人类几千年的文明史，太阳底下还真没什么新鲜事。真的，我们的一些前人，一些大智者，一些圣人，已经把宇宙真谛、生命实相参悟得很清楚了，而且，他们也活出来了。老子、释迦牟尼、孔子、苏格拉底就是这样一些人。他们不但开悟了，而且把这种开悟的境界活出来了，这是非常了不起的。读读这些书，就是前面我们讲的那些原典，其实也就够了。

陶继新：真是心有灵犀啊！我也一直是抱持着这个观点。我们在阅读中外经典之时，在向先贤至圣们学习之时，所读、所学的绝不应是表象的东西，而应是其心灵、精神层次的提升和拓展。重要的是学其神，而不是学其形。有的人读了《论语》，学习孔子，也学着尊礼，却学到了一套限制性很强的规矩礼节，反而束缚了思维心性的发展，成了一种退化的复古；有的人学习颜回的贫而乐，按照颜回的生活状态简化自己的物质生活，但他心里仍被物化的欲望所困，根本乐不起来，更谈不上有心灵空间再去“乐道”了。

我们都听说过，当海尔崛起之时，很多企业都到海尔考察学习，但学到真经的企业寥寥无几。原因何在？因为，有的学回去后，所实施的“改革”不过是照搬海尔的制度条文，或者学着张瑞敏在自己的办公桌上也摆上座右铭，完全是舍本逐末，根本不知道张瑞敏的心性、境界才是创造出海尔神话的本源，而这种心性悟境一旦修得学成，完全可以创造出迥异于海尔模式的独特企业经营方略且雄视天下。

我们教育领域里这种现象也是屡见不鲜，老师们每年都会有很多的培训机会，一场场的报告、一次次的听课，常常是当时激动，回家了了。原因何在？学习的方向就错了，学来了某位名师的言谈方式，却发现这和自己的行为习惯大相径庭；学习人家的教学方法，却发现自己完全驾驭不了；笔记记了一厚摞，回去却发现连一句话也用不出……正所谓：“甲之蜜糖，乙之砒霜。”恰如西医治病一样头痛医头、脚痛医脚，短期见效，却经常复发。恰是那些用心去感受、去体悟的听者，可以从此洞开心灵之门，进入自由之境，开启创造之源，生成有自己特色的教育教学模式。这也是我们所看到的众多名师大家并无雷同的原因。光学表象，学一辈子也学不完。其实名师大家的心灵和精神的领域是相似的，是合一的。所以我们应该去阅读、去学习的，正是对精神领域的拓宽，是内在的自我探索。

孔子之学就是一个最佳的例证，他一生的学习就是心灵的不断飞跃和拓展。首先，这个“十有五而志于学”中的“志”是很有意思的，也是很有价值的。我认为“学”有三种状态。第一种状态，把它当成职业状态，有的人认为我是当教师的，教授学生是我的职业、我的工作，我干一个月给我一个月的工资，给我多少钱我就干多少钱的活，既然自己的那点“内存”足够应付现在的工作，就没必要学习什么新东西，这可以说是教师的下位状态。有的老师则不然，他的学是为了学生，是为了自己生命价值的体现，于是带着一种责任感、一种使命感、一种成就欲去不断地学习， 这是事业的状态，我把这种叫作教师的中位状态。上位状态就是志业状态，这个“志”不是一般的志，此时的学不仅是围绕自己事业的发展、生命价值的实现，同时，还把学习融入自己的整个生命历程当中，成为一种生命的本然，且有其乐无穷的感觉。所以，孔子的“十有五而志于学”，不仅仅简单地说这时候有志于学习了，而是他在十五岁的时候，就把生命成长与整个一生的学习融合在一起了。

孔子谈到“三十而立”，此处之“立”绝非一般人理解的成家立业、升官发财的表象。王老师您刚才所说的“立”解释为立志是非常有道理的，立志走向仁义境界。这个“立”可以从《论语》当中找到它的源头。孔子有个儿子叫孔鲤，有一天，孔子正在院子里站着，孔鲤过来了，孔子就问：“学《诗》乎？”你学《诗》了吗？那时候“《诗》”就是指的《诗经》。孔鲤说没学。孔子就说了："不学《诗》，无以言。"不学《诗》，就没法说话。孔鲤就好好地学习了《诗》。有一天，孔子又在院中站着，见到孔鲤，他问："学礼乎？"你学礼了吗？对曰："未也。"还没有呢。孔子告诉孔鲤："不学礼，无以立。"不学礼，没法立身。孔子还说过："兴于《诗》，立于礼，成于乐。"孔子把"礼"看得很重。

孔子所尊崇的"礼"，是内心的自然外化，它不可仅仅流于形式，然而没有形式这个载体，又无法传达，所以形式与内在要和谐统一。孔子思想中最伟大的就是"仁"。他有一句话："人而不仁，如礼何？人而不仁，如乐何？"你要没有内在的人格，而只有表面的形式，是不行的。孔子的"礼"，蕴含着一种内在的高尚的东西，有了它，人才能立得住，内心才有了定力，有了方向。所以，孔子在三十岁就立志于知礼、说礼、行礼。

说到"四十而不惑"，是指孔子到了那样的年龄已成为一个智者。此时的孔子对于自己认识得更加清晰了，人只有在不断地认识自我，了解自我的过程中，方可让生命的方向更加明确。此时的孔子，在心灵层面已经颇有体悟，内在得到了极大的拓展，似乎没有什么能够困扰他了，感受到了"不以物喜，不以己悲"的生命体验，进入了一种纯净、平静的生命空间。

"五十而知天命"，这个您刚才谈得也很有道理。这一句，我们也可以从《周易》上找到源头，《论语》上说："加我数年，五十以学《易》，可以无大过矣。"如果再给我几年，到我五十岁的时候，学习《周易》，我肯定就没有大的过错了。有的人认为《周易》仅是卜筮之书，但我读《周易》感慨万千，这部中国哲学的大成之作，对我的人生的启迪太大了，也让我更理解了"天命"。天命是不可知的，比如说，有的人出生在乞丐家里，有的人出生在富贵之家，因为成长环境的不同使得他们的命运也迥然相异。同时我也认为，"知天命"想要传达给我们的是一种"丰富过程，接受结果"的坦然态度，是一种谋事在人、成事在天的积极豁达。所以，孔子的"知天命"不是听天由命、无所作为，而是谋事在人，成事在天，努力作为但不企求必须的结果，对个人荣辱已经淡然。但并非消极等待，亦非听命、认命与宿命，而是“发愤忘食，乐以忘忧”，享受“知天命”而努力向上的幸福。

王崧舟：我这里插一句，我有一个体会，作为男人，读懂乾卦可以成为好男人；作为女人，读懂坤卦可以成为好女人。

陶继新：乾卦和坤卦是《易经》中最重要的两卦。梁启超在清华大学的时候作《君子》为题的演讲，勉励学子“自强不息，厚德载物”，后来成为清华校训。这两句正是乾卦、坤卦的“象”：“天行健，君子以自强不息”，“地势坤，君子以厚德载物”。确实，人如果把这两者都做好了，其他就都好解决了。

读《易经》，知天命。孔子是有超越之处的，他知道天命，却“知其不可而为之”。这便是孔子超越他人的地方，他的“知其不可而为之”，是不计功利的道义之举，是依道而行，不是依利而行，这凸显了儒家积极入世的精神，后来成为中国知识分子的精神追索，所以他的这个“知天命”就有了特殊的意义。

“六十而耳顺”，也是很有道理的，五十五岁到六十八岁期间的生命经历对孔子来说是前所未有的。这段时间他周游列国，到处奔波，经历了各种各样的情况：有的人对他礼遇有加，有的人羞辱他，甚至想把他杀了，人情冷暖、礼义廉耻，全都活生生地呈现出来。在这惊涛骇浪般的命运间起伏，他的心灵获得了空间上的拓展。此时的孔子，面对人性的善恶美丑，不但全然接受，并对任何人都能产生深深的悲悯之情，对任何加之于自身的事情都欣然接受。所以他“六十而耳顺”就非常正常了。

“七十而从心所欲，不逾矩”，这是一种真正的自由，是一种道的境界了。突破了心灵最后的限制，达到了游刃有余、挥洒自如的生命本然状态。

所以，真正的学是生命之学，是心性之学，是一种不断拓展、不断超越的学，是昨日之我已死去、今日之我又新生，并最终达至心灵的自由，一切似乎都被完全地包容与接纳，并完美地融合在一起，相生相长。

王崧舟：立志于明道，并且将读书和生命融为一体，我们才能获得真正的幸福，享受生命的喜悦和宁静。

孔子说道不远人，其实，道从来就没有离开过我们，“道也者，不可须臾离也，可离非道也”。但是，问题恰恰就在这里，我们以为道在外面，道在书中、道在寺庙、道在深山、道在高人那里。所以，我们的心总是往外求，越求越远，越求越体会不到那个道。说白了，一切烦恼、一切痛苦、一切恐惧、一切嫉妒、一切怨恨、一切迷惘……都是因为你觉得道在外面，道远离了你、抛弃了你、忘记了你。

于是呢，你就开始不停地寻找生命之外的那个所谓的“道”，于是，你就成了那个你寻找的东西。

“你”是一堂公开课的热烈反响；

“你”是一位后进生的美丽转身；

“你”是一篇论文换取的一张烫金的证书，或者就是论文本身所书写的烫金的思想；

“你”是成为教研组长、教导主任、校长之后的深深的满足感和优越感；

“你”是几度家访、几番苦口婆心之后终于打动家长的得意劲儿；

“你”是一传十、十传百的口碑；

……

我们发现，这样的象征和指代在生活中有着无限的可能。但是，我们可能不曾发现，这样的象征和指代都是你之外的，你唯一没有发现的就是你自己。

是不是这样？你看，你不高兴，你在孩子的童趣中求得了高兴，于是你向着他们求；你不快乐，你在后进生的美丽转身中求得了快乐，于是你向着他们求；你不自信，你在一堂公开课的热烈反响中求得了自信，于是你向着他们求；你不踏实，你在这个职业的稳定收入中求得了踏实，于是你向着他们求；你不满足，你在对阅读的迷恋和沉醉中求得了满足，于是你向着他们求；你不优越，你在成为一名校长中求得了优越，于是你向着他们求。

你很快发现，在短暂的满足之后，随之而来的却是更大的空虚、更深的恐惧。生活已经一再告诉我们：凡是外在的，都不是你能掌控的；凡是你不能掌控的，都不是你的。是不是？而你唯一可以掌控的，只有“你”，就是“你”，全是“你”。

求道，其实就是求自己。理由很简单，因为“道”从来就没有离开过我们。不管你有没有意识到，道永远和我们的生命在一起，或者说，你就是那个“道”的显化。所以，佛家讲“苦海无边，回头是岸”，儒家讲“行有不得者，皆反求诸己”。

道是完整，道是全然，道是最高的智慧和悲悯。所以，我们一旦觉醒：

“你”依然可以是一堂公开课的热烈反响；

“你”依然可以是一位后进生的美丽转身；

“你”依然可以是一篇论文换取的一张烫金的证书，或者就是论文本身所书写的烫金的思想；

“你”依然可以是成为教研组长、教导主任、校长之后的深深的满足感和优越感；

“你”依然可以是几度家访、几番苦口婆心之后终于打动家长的得意劲儿；

“你”依然可以是一传十、十传百的口碑；

……

这一切的“你”，只有成为自己明灯的那一刻，才会显现出生命的全部荣耀和光明。没有任何一盏灯能够彻底照亮你，只有你自己才能做自己的明灯。我所感悟的道，就是这个样子的。但是，当我把这些感悟说出来了，诉诸文字和语言了，我和道又分离了。所以老子才说：“道可道，非常道；名可名，非常名。‘无’名天地之始；‘有’名万物之母。故常无，欲以观其妙；常有，欲以观其徼。此两者，同出而异名，同谓之玄。玄之又玄，众妙之门。”

习法以精进

陶继新：那么，读书如何悟道呢？我觉得读书有“四法”。

第一个是诵读。不仅读，而且要反复读，直至背诵下来。因为好的东西不背诵，它就走不进你心里，不能与你的心灵达成共鸣。

这一点，我感同身受，特别是读《论语》。1980 年到 1983 年，我在曲阜师范学校教文选和写作课。每当夕阳西下的时候，如果没有特殊的情况，我必去与学校比邻的孔庙走一走。在长廊上、松柏间漫步，遥想当年，孔子也许就在这个地方行走过啊，我这个名不见经传的小人物的足印，也许就和孔子的足印重叠过。每想至此，顿时心生敬畏，并暗下决心，要追寻孔子的足迹，学习他的哲学思想和教育思想，特别是学习他的生命之“道”。

承载孔子的思想之道的最佳载体就是《论语》，从那时候起，我就系统地看了两遍。但非常遗憾，我当时只懂了些字面的意思，甚至字面的意思有的也不甚了解，孔子之道于我，还很遥远，似乎“尽在虚无飘渺间”。后来我又陆续读了两遍，有些内容似乎比以前懂了一些，但是对孔子的哲学思想，对他的“道”还是不懂。后来在四十九岁这一年，我突发奇想：“把它背下来会怎么样？”于是我略做了个计划，《论语》中大概百分之八十的内容是需要背的，至于孔子怎么上朝，怎么穿衣服就不需要背了。这一个决定下来，就这样我一共背了三遍。背下来以后，我自己都很吃惊，感觉自己真的不一样了。尽管那时候，我对孔子之道还不像今天这样熟悉，但是我感觉到我的生命的深处发生了变化。

之后，我又背诵了《道德经》《心经》，《金刚经》我没有背完。后来，我又把《大学》《中庸》《学记》背完了。我更深切地感到有句话说得多么有道理：“你把《论语》背诵了，孔子跟你一辈子；你把《道德经》背诵了，老子跟你一辈子；你把《心经》《金刚经》《法华经》背诵了，释迦牟尼跟你一辈子。”不仅我，我整个家庭都在背诵这些经典篇章。我的两个女儿，她们已经背了很多，孙辈的孩子们也在背诵。我两个女儿的孩子上小学三年级的时候，就把《三字经》《弟子规》背诵了，还背了《大学》《中庸》《道德经》《诗经》《论语》，以及上百首唐诗等。孩子的记忆真的很神奇，他们背诵的语速非常快，甚至不需要考虑，全是奔涌而出，太不可思议了！

王崧舟：这是真正的童子功。

陶继新：对，童子功。我们就没有这样的童子功，真是一大缺憾。我常在家里说，以后我们家最有学问的就是两个小朋友了。他们还有足够的时间来练习自己的童子功，终身有益啊。我们这些后知后觉的，尽管奋起直追，下足功夫，也不能望其项背了。

王崧舟：您刚才说到，解放以后，我们国家没有出过大师，其中一个非常主要的原因，就是缺乏这种童子功。

陶继新：的确如此啊。现在好多专家说“我是中国著名教育家”，千万别这样给自己戴桂冠。远着呢！成个专家容易，成教育家、思想家这太难了。目前，快速成名成家者并不鲜见，可是，这样的人又有多少经得起大浪淘沙，时光冲洗？当流星划过，泯然而逝后，其名何在？其人何在？所以，还是牢牢记住孔子的教导，为生命积淀能量。

我读的书在数量上可能没有别人多，但是读过的书对我的助益很大。以前曾有个熟人见了我，说：“陶老师，有件事我百思不得其解。二十多年前，我的学历比你高，我的知识比你丰富，怎么过了二十多年以后，我们两个反转过来，甚至有天地之别。”我说：“我读了二十多年书啊，一边工作一边读书。”他说：“肯定不对，我也读了二十多年书。我可以断定我读的书不比你差，不比你少。”我说：“不比我少，可能；不比我差，不一定。”我问他读了什么书。他说了些书名后，我就说：“麻烦了，你读的这些书都是三流四流作家的作品。这些书看着好像有情趣性，也有故事性，但滋养度、深刻度太低了啊。读书有个规则：取法乎上，仅得其中；取法乎中，不免为下。我们读世界大师的作品虽然很难达到大师的水平，但我们可以向他靠近。你读的书是取法乎下，得乎下下啊！‘近朱者赤，近墨者黑’，在这点上，我比你聪明一点点，我把百分之八十五的时间都用到诵读经典上了。或许在书的数量上我没你读得多，但这些书可以一以当十，一以当百啊！”对于经典，一定诵读。

王崧舟：说到诵读，我想起一件趣事来。我们学校五年级有一位学生，新学期刚开学，班级都要重新排座位的。那天回到家里，她妈妈就顺便问了新同桌是谁，那孩子说是班里的某某某。妈妈一听，就急得不行，说：某某某是出了名的捣蛋鬼，跟他做同桌准没你的好事，不行，我得跟你们班主任说说去，必须换同桌。你猜那孩子怎么说？真是绝了！她说：妈，不患人之不己知，患不知人也。你真的了解某某某吗？她妈妈一下子就愣在那里，从此对女儿刮目相看，再也不提换同桌的事儿。

我们学校搞经典诵读已经十个年头了。基本方法就是诵读，晨读十分钟，午诵十分钟，暮吟十分钟，天天坚持，人人落实。还从每周的语文课时中抽出一节课，专门上国学课。学校还开展经典诵读考级活动，评选小状元、小探花，借此激励和鞭策孩子好好诵读经典。我们真没想到，这颗经典文化的种子那么快就在孩子精神的原野上生根、开花。

陶继新：第二个方法是精读。精读跟诵读不同在哪里？除了精读中国的名著，还要精读外国名著，比如我读莎士比亚、川端康成、泰戈尔、列夫·托尔斯泰、巴尔扎克、普希金、陀思妥耶夫斯基、肖洛霍夫、雨果、司汤达、狄更斯、福楼拜、哈代、海明威、加缪、夏洛蒂·勃朗特、艾米丽·勃朗特、马尔克斯、霍桑、大仲马、小仲马、茨威格、玛格丽特·米歇尔、马里奥·普佐、卡夫卡、萨特、斯托夫人、帕斯捷尔纳克、赫尔曼·黑塞、马可·奥勒留、考琳·麦卡洛、渡边淳一、卢梭等世界著名文学家的书，都是很认真地读。只是读这些书的时候我不背，但会逐字逐句精读。这些大师既是生命的深刻体验者，更是精妙语言的驾驭者。他们的作品里有生命的奇幻多彩、跌宕起伏，更有智性的总结、灵性的感悟。他们的文字是有生命的，是可以唤起读者、启迪读者的。可以说，他们的书是我们之前谈的值得诵读之书的故事化表现、生命化再现。厚重、广博、细腻、精彩，所以值得细读，值得回味，并可不断地提升人的审美。

王崧舟：我觉得精读的第一要义是“细读”。这几年我一直在“小语界”倡导文本细读，强调“一字未宜忽，语语悟其神”。精读就是要直面文本，沉入词语，在字里行间涵泳、浸润，打通文字和生命的疆界，追求作者和读者之间的“通心”境界。

有一次，我听一位老师上《少年闰土》，课上到最后有这样一个安排，让学生选择是愿意做“闰土”一样的人还是愿意做“少爷”一样的人。一边是甲方，做“闰土”一样的人；一边是乙方，做“少爷”一样的人。老师一声令下，“哗”！四十多号人愿意做“闰土”，愿意做“少爷”的只有两位，好嘛，都不愿意做“少爷”。老师一看大事不妙，就赶紧补台说，看来乙方势单力薄，那我就去帮帮乙方，老师跟着做了一回“少爷”。然后双方各自阐述理由，你为什么愿意做“闰土”啊？你为什么愿意做“少爷”啊？结果，可想而知，讨论的情况也是一边倒，四十多号人，都争着说做“少爷”不好，理由呢？理由太多了！第一，不自由。你瞧，做“闰土”多好，下雪了可以到雪地上捕鸟，好玩；夏天到了，可以到瓜地里刺猹，多有意思啊！做“少爷”的，没得玩，不自由。第二，“少爷”学到的知识是死的，没用！哪像人家“闰土”，人家的知识，拿来就可以捕鸟，就可以捉跳鱼儿，管用！是不是？还有第三，“少爷”总是被关在大院子里，养尊处优，将来长大了、出去了，就没法自立，就是废物一个。争到最后，那两个原来还想做做“少爷”的，也不敢做了，这不都成废物了吗？整个课堂就是一边倒，弄得老师脸红脖子粗。最后，老师急了，说，别说了，我发表个意见吧，其实啊，系统的知识和丰富的生活都是需要的，做少爷的，尽管他有许多缺点，但是少爷可以掌握系统的知识啊，闰土行吗？所以，既有系统的知识，又有丰富的生活，这不更好吗？我心说，天呐！这不扯淡吗？这都挨得上吗？

问题出在哪儿？依我看，问题就出在“文本细读”上！这位老师有没有好好地琢磨这句话——“阿！闰土的心里有无穷无尽的希奇的事，都是我往常的朋友所不知道的。他们不知道一些事，闰土在海边时，他们都和我一样只看见院子里高墙上的四角的天空。”“无穷无尽”可能吗？明明不可能“无穷无尽”，为什么还要这样写呢？他们真的只能看见“四角的天空”吗？他们明明还能看见许多别的东西，为什么还要这样写呢？故乡，闰土，带给少年鲁迅的到底是一种怎样的精神痕迹呢？这篇小说收在《呐喊》集中，究竟有着怎样的意图和意味呢？拜托，老师啊，你先把文本读通了、读深了、读透了，你再去教育你的学生也不迟啊！

陶继新：“通心”境界是至高的境界了。它应该是从容不迫的，而非心浮气躁的；它是闲庭信步的，而非走马观花的。它充满期待、充满欣赏、充满随时随地的惊奇和喜悦。您正是有了这样一种心态，才会潜下心来，专心致志、全神贯注地去直面文本，从而建立起属于自己的、独特的、纯净的诗意体验。这也是很多教师需要沉潜下来慢慢学习的。

王崧舟：精读的第二要义是“把书读厚”，孔子不是说嘛，书不尽言，言不尽意。语言文字的能指和所指是有矛盾的。第一，能指不一定真正指向所指；第二，能指往往不能指向全部所指。这就是语言文字的局限性。那么，这个局限性是要靠读者去弥补、去填空、去创造的。我觉得把书读厚既是广度上的，所谓“思接千载，悄焉动容，视通万里”；把书读厚也是深度上的，所谓“精骛八极，心游万仞”。

我曾经上过《长相思》这一课。《长相思》是清朝词人纳兰性德写的，很短，才36个字。但为了上好这一课，我做了大量的案头工作，包括精读这个文本。感谢网络和藏书，让我在不到一天的工夫里，就积攒下一万多评鉴《长相思》的文字。这些文字在我眼前精灵般地摇曳，不但一波又一波地激荡起我对《长相思》的新的爱恋，也慷慨地为我提供了教学设计的种种灵感。

比如这样一篇——

“山一程，水一程”，一种含而不露的循环句式，形成“行行复行行”的远离动作，动作的方向是榆关，与“故园”遥遥相对，随着行程的越来越远，造成空间上的巨大张力，产生对“故园”

的依恋、渴望。“夜深千帐灯”，夜色深沉，千帐灯燃，然而这不是熟悉的家园的夜晚，怎能不惹起作者强烈的思归之情？“风一更，雪一更，聒碎乡心梦不成”，作者多么希望能在梦中返回故园，但是帐外风雪交加的呼啸声使他难以入睡，这小小的愿望也无法实现。辗转反侧的他怎能不埋怨这聒耳的风雪声呢？“故园无此声”，故园有什么声呢？是母亲的亲切嘱托，还是妻子的浅笑低语？引逗读者展开丰富的联想……

文字虽简约，意味却大有嚼头。我读《长相思》，就没能将“榆关”和“故园”搁在一块儿想，自然也就体会不到这种空间上的巨大张力。被他的文字这么一引逗，我顿时就听见了“行行复行行”这一句的沉重旋律：山一程，水一程——水一程，山一程——山一程，水一程——水一程，山一程……

又如这一篇——

康熙二十年，三藩之乱平定。翌年三月，玄烨出山海关至盛京告祭祖陵，纳兰性德扈从。本篇即作于此时。词以“山一程，水一程”六字叠韵发端，是此调正体，而全用口语组织，予人自然奔放之感，为下文“夜深千帐灯”五字拓开地步。此五字粗看亦寻常，细味之则朴素中兼有气象万千，为他人累千百字所刻画不到。所以王国维《人间词话》对此深致推奖云：“‘明月照积雪’‘大江流日夜’‘中天悬明月’‘长河落日圆’，此种境界，可谓千古壮观。求之于词，唯纳兰容若塞上之作，如《长相思》之‘夜深千帐灯’、《如梦令》之‘万帐穹庐人醉，星影摇摇欲坠’差近之。”体味甚是，也足见纳兰此句之地位。下片作者情绪陡转。在“千帐灯”下，词人倾听着一更又一更的风雪之声，不禁想起“故园”，唤起“乡心”，从而辗转难寐了。此数句字面亦寻常，意思却很不一般。所谓“天涯行役苦”，大家都容易理解，可是纳兰现在乃是扈从皇帝“巡幸”途中，本该踌躇满志、意气风发才是。他却偏偏作此小儿女态，恋起家来！其深心视此等荣耀为何如即可想见矣。按其底里，真正是“冷处偏佳，别有根芽，不是人间富贵花”。

笔触之老辣，文字之古拙，让人“爱不释眼”。一句“其深心视此等荣耀为何如即可想见矣”，给人以当头棒喝、醍醐灌顶之感。而“冷处偏佳，别有根芽，不是人间富贵花”的喻指，可谓知根知底，深得容若文字三昧。纳兰在天有灵，必当以同怀视之。

当然，其中也有一些和而不同、旨趣相左的鉴赏文字，比如这一篇——

“山一程，水一程”，仿佛是亲人送了我一程又一程。“身向榆关那畔行”，是使命在身、行色匆匆。“夜深千帐灯”则是大队人马夜晚宿营，众多帐篷的灯光在夜幕反衬下所独有的壮观场景。“山一程，水一程”，寄托的是亲人送行的依依惜别情；“身向榆关那畔行”，激荡的是“万里赴戎机，关山度若飞”的萧萧豪迈情；“夜深千帐灯”催生的是“大漠孤烟直，长河落日圆”的烈烈壮怀情。

这情感的三级跳，既反映出词人对故乡的深深依恋，也反映出他渴望建功立业的雄心壮志。二十几岁的年轻人，出身豪门，风华正茂，自然是眼界开阔、见解非凡。又有皇帝贴身侍卫的优越地位，建功立业的壮志定会比别人更为强烈。可正是由于这种特殊的身份，反而形成了他拘谨内向的性格，有话不能正说，只好借助于儿女情长的手法曲折隐晦地反映自己复杂的内心世界。

“夜深千帐灯”既是上阕感情酝酿的高潮，也是上、下阕之间的自然转换。夜深人静的时候，是想家的时候，更何况“风一更，雪一更”，心情就大不相同。路途遥远，衷肠难诉，辗转反侧，卧不成眠。“聒碎乡心梦不成”的慧心妙语可谓水到渠成。

“山一程，水一程”与“风一更，雪一更”的两相映照，又暗示出词人对风雨兼程人生路的深深体验。愈是路途遥远、风雪交加，就愈需要亲人关爱之情的鼓舞。因为她是搏击人生风浪的力量源泉，有了她，为了她，就不怕千难万险，就一定会迎来团聚的那一天。从“夜深千帐灯”的壮美意境到“故园无此声”的委婉心地，既是词人亲身生活经历的生动再现，也是他善于从生活中发现美，并以此创造美、抒发美的敏锐高超艺术智慧的自然流露。

说实话，以我偏爱的生命感觉和价值趣味，我更服膺第二篇“不是人间富贵花”的心灵解读。而这服膺，在我研读了纳兰性德的生平文字后，变得更为坚定。

纳兰性德，作为皇帝身边的御前侍卫，以武官身份参与风流儒雅的诗文之事。随皇帝南巡北狩，游历四方，奉命参与重要的战略侦察，随皇上唱和诗词，是人们羡慕的文武兼备的少年英才，帝王器重的随身近臣，前途无量的达官显贵。但作为诗文艺术的奇才，他在内心深处厌倦官场庸俗和侍从生活，无心功名利禄。虽“身在高门广厦，常有山泽鱼鸟之思”。

一方面是落拓无羁的性格，天生超逸的禀赋，卓尔不群的才华，一方面又是钟鸣鼎食的富贵，平步宦海的潇洒，金阶玉堂的桎梏，这构成了一种常人难以体察的心理压抑和人格裂变。加之爱妻早亡，后续不洽，知交零落，扈从艰险，纳兰性德无法摆脱内心深处的困惑与悲观，其深心视此等荣耀为何如即可想见矣！

纳兰的生平带给我一种异样的感触。这异样的感触，推着我走进了《纳兰词》。我小心翼翼地在这些词作中寻觅纳兰的生命遗痕，寻觅《长相思》精神的蛛丝马迹。《河传》的“斜倚画屏思往事，皆不是，空作相思字。记当时，垂柳丝。花枝，满庭胡蝶儿”不正是“故园”温馨的影子吗？《虞美人》的“半生已分孤眠过，山枕檀痕涴。忆来何事最销魂，第一折枝花样画罗裙”

不正是“乡心”柔软的归宿吗？《如梦令》中，“归梦隔狼河，又被河声搅碎。还睡，还睡，解道醒来无味”，又是一个让人不忍卒读的“碎”字。《菩萨蛮》中，一句“问君何事轻离别，一年能几团圆月”，问出了多少无奈、寂寥和伤感。读完纳兰的五十多首词作，留在我心头的，只剩“青衫湿透，无人共话凄凉”十个字。

这一万多鉴赏文字，让我重新找回了对《长相思》的感觉，有段时间，我发现纳兰的影子一直缠着我不肯离去。半个月后，我完成了《长相思》的精读——

1．整首词共36个字（不含词牌和标点），上片、下片各18字。

2．全词押庚韵，共8个韵脚。即程、行、灯、更、成、声。需要说明的是，根据古韵书《词林正韵》，即程、行“青韵”，和“庚韵”是可以通押的。

3．《长相思》是词牌名，又名《长相思令》《吴山青》《山渐青》等。三十六字，平韵，上下片的首两句叠韵。唐教坊曲名，此调多抒相思缠绵之意。典型的如晏几道的《长相思》：“长相思，长相思，若问相思甚了期，除非相见时。长相思，长相思，欲把相思说似谁，浅情人不知。”纳兰性德的《长相思》虽没有单列题目，但词牌也可以看作是本首词的题目。

4．全词共出现5种意象，即山、水、灯、风、雪。山水意象寓征途羁旅之苦，风雪意象寓怀乡思归之情。入词选用的意象都很平常，但意味蕴藉、意境深邃。

5．“山一程，水一程”，以互文笔法延拓空间；“风一更，雪一更”，亦以互文之笔绵亘时间。全词意境在时空的变动格局中形成。

6．上片着眼于“色”的对比，夜色之深与灯光之明形成对比。下片着眼于“声”的对比，风雪之聒与故园之音形成对比。在对比中，词境产生一种审美的张力。

7. 上片是实写，山、水、行、灯，皆为实景。下片系虚写，风、雪、梦、声，皆为空相。一实一虚，机心深藏。

8. 上片着力写一“身”字，一程一程者，身之行迹也；下片着力写一“心”字，一更一更者，心之浪迹也。身无所居，心无所安，能不忆故园乎？

9. 全词上片叙事，叙扈从之事；下片抒情，抒思乡之情。事和情以景贯之、融之，浑然一体。

10. “故园”为全词之枢纽。故园在此既是一种生活场景，更是一种精神意象。就生活场景言之，通常让人想起此类经典的剪影：

慈母手中线——孟郊《游子吟》

何当共剪西窗烛——李商隐《夜雨寄北》

最喜小儿亡赖，溪头卧剥莲蓬——辛弃疾《清平乐·村居》

忙趁东风放纸鸢——高鼎《村居》

采菊东篱下，悠然见南山——陶渊明《饮酒》

青箬笠，绿蓑衣，斜风细雨不须归——张志和《渔歌子》

谁家玉笛暗飞声，散入春风满洛城——李白《春夜洛城闻笛》

一川烟草，满城风絮，梅子黄时雨——贺铸《青玉案》

11. 而就“故园”的精神意象、文化品格而言，仿佛是一种前世今生的约定，故园总会时时萦绕在我的心中。许多具体的感情可能变质，但故园总能承载我的悲欢离合，宽厚一如母亲的怀抱。你不必担心背叛和离弃，也不必担心伤害和刺痛，人性的弱点在这里成了一段精神的童话。也因此，“故园”成了人类文化的一个永恒主题，譬如：

露从今夜白，月是故乡明。（唐·杜甫）

胡马依北风，越鸟巢南枝。（古诗十九首）

瞻云望鸟道，对柳忆家园。（南北朝·阴铿）

乡心正无限，一雁度南楼。（唐・赵嘏）

无端一夜空阶雨，滴破思乡万里心。（宋・张咏）

百年为客老，一念爱乡深。（宋・刘过）

到处青山山有树，如何偏起故乡情。（元・廖大圭）

思归若汾水，无日不悠悠。（唐・李白）

如今白首乡心尽，万里归程在梦中。（唐・清江）

凭寄还乡梦，殷勤入故园。（唐・柳宗元）

不忍登高临远，望故乡渺邈，归思难收。（宋・柳永）

无奈归心，暗随流水到天涯。（宋・秦观）

日暮乡关何处是，烟波江上使人愁。（唐・崔颢）

人言落日是天涯，望极天涯不见家。（宋・李觏）

冉冉老将至，何时反故乡？（三国・曹操）

逢人渐觉乡音异，却恨莺声似故山。（唐・司空图）

我在想，倘若没有先前的一万多字来打精读的底子，倘若不曾走进纳兰的历史空间，倘若无法将《长相思》和纳兰的其他词作建构起一种精神上的互文关系，那么，我能实现以上的精读吗？经验告诉我，答案应该是否定的。

当我将36字的《长相思》读成了显性的近1500字的自我感悟、自我发现、自我鉴赏的时候，当这近1500字的精读的背后融入了我本人对纳兰的精神世界、诗词境界以及对自我的生命感觉、价值偏好的种种追寻、反思和考问的时候，我忽然有了一种底气十足、神采飞扬的感觉。

陶继新： 把书读厚真是需要下番功夫的，您把纳兰性德的《长相思》真的读厚了，读出了一般人读不出来的深义与品位。我也喜欢纳兰性德，曾读过白落梅所写的《纳兰容若：一朵佛前的青莲》，文字近乎唯美。比如，其中就有这样的文字："我们还是应当记住一个人，一个叫纳兰容若的人，记住他的《饮水词》。伫立在光阴的路口，随历史的风，逆向流淌，去寻找一段三百年前的青梅旧事，打捞一场深沉如海的清朝遗梦。他生在王公贵胄之家，高贵的血液铸就了此生无上尊荣。本是烈火烹油、繁花着锦，可他偏思冰雪天地、三秋落叶。他拥有富贵奢华，却渴慕布衣清欢；他处红墙绿瓦，却思竹篱茅舍；他食海味山珍，却思粗茶淡饭。

纳兰容若的前世，是一朵在佛前修炼的青莲，因贪恋人间烟火的颜色和气味，注定赴今生这场红尘游历。所以他有冰洁的情怀，有如水的禅心，有悲悯的爱恋。纳兰容若，一生沿着宿命的轨迹行走，不偏不倚，不长不短，整整三十一载。在佛前，他素淡如莲，却可以度化苍生；在人间，他繁华似锦，却终究不如一株草木。”

对于纳兰性德的《长相思》，要像您那样读厚，这是需要真功夫的。对于妙文，我们在阅读中要一丝不苟，逐字逐句，细嚼慢咽，精思熟虑。不仅要求精神高度集中，而且要思维非常活跃，这才能读出自己的体悟来。

王崧舟：精读的第三个要义是“把书读薄”，你最终掌握的是书的精华、精髓和精妙所在。

我读新美南吉的《去年的树》：

> 一棵树和一只鸟儿是好朋友。鸟儿站在树枝上，天天给树唱歌。树呢，天天听着鸟儿唱。
>
> 日子一天天过去，寒冷的冬天就要来到了。鸟儿必须离开树，飞到很远很远的地方去。
>
> 树对鸟儿说：“再见了，小鸟！明年春天请你再回来，还唱歌给我听。”
>
> 鸟儿说：“好的，我明年一定回来，给你唱歌。请等着我吧！”鸟儿说完，就向南方飞去了。
>
> 春天又来了。原野上、森林里的雪都融化了。鸟儿又回到这里，找她的好朋友树来了。
>
> 可是，发生了什么事情呢？树，不见了，只剩下树根留在那里。
>
> “立在这儿的那棵树，到什么地方去了呀？”鸟儿问树根。

树根回答："伐木人用斧子把他砍倒，拉到山谷里去了。"

鸟儿向山谷里飞去。

山谷里有个很大的工厂，锯木头的声音沙沙地响着。鸟儿落在工厂的大门上。她问大门："门先生，我的好朋友树在哪儿，您知道吗？"

大门回答说："树嘛，在厂子里给切成细条条，做成火柴，运到那边的村子里卖掉了。"

鸟儿向村子里飞去。

在一盏煤油灯旁，坐着一个小女孩。鸟儿问女孩："小姑娘，请告诉我，你知道火柴在哪儿吗？"

小女孩儿回答说："火柴已经用光了。可是，火柴点燃的火，还在这盏灯里亮着。"

鸟儿睁大眼睛，盯着灯火看了一会儿。

接着，她就唱起去年唱过的歌，给灯火听。

唱完了歌，鸟儿又盯着灯火看了一会儿，就飞走了。

读到最后，我读出的是三句话：第一句，诚信的弦歌；第二句，情义的骊歌；第三句，生命的挽歌。这三句话，其实已经从三个不同的层次高度概括了这个文本的精神主旨和人文意蕴。

陶继新：如果说把书读厚需要功夫的话，那么，把书读薄则需要灵感与升华。再一个方法是博览。比如看余秋雨的《文化苦旅》《山居笔记》《霜冷长河》《千年一叹》，看周国平的《妞妞：一个父亲的札记》《各自的朝圣路》，我基本上用博览的方法。除了这些当代文学、哲学类的书，我也会将我所关心的各领域的大家之作拿来通读一下。博览，重在博。天下大道，一通百通。而学习的过程就是个触类旁通、融会贯通的过程，虽然需博览之书不像第一类诵读之书那样直通大道，也不像第二类精读之书能时时带给人生命的棒喝和震颤，但可以给人以情感的丰润和审美的快感，当然，里面偶然也会闪现出的丝缕光辉，令人在一瞥间产生智慧上瞬间的连接感，拓展对于世界的认知度。

王崧舟：您说得太对了！博览，重在博。我读书，不敢奢谈博览，但一直是朝着这个方向在读。

我有一个书房，填充其间的都是书，书房里，我自己拟了一副对联，上联是：明月一帘无心照。因为我书房的窗外是开阔的地带，有小河，有廊桥，流水淙淙，杨柳依依，风景这边独好。晚上能看到月亮从东边升起来。下联是：诗书半斋随意读。到书店，我拿到书，只要对这本书有感觉，我看一下目录，或看一下章节，就买下来，一定读。我读书没有计划，很随意，比如——

流行的书，我读。《于丹〈论语〉心得》，读！易中天的《品三国》，读！《刘心武揭秘〈红楼梦〉》，已经出了第三部了，读！全部都读过！很多人批评于丹，说人家是化腐朽为神奇，于丹是化神奇为腐朽。我是喜欢于丹的，我觉得于丹讲得不错。她很聪明，她讲的是“于丹《论语》心得”——我讲的是我自己读《论语》的心得呀！这有什么不可以呢？解构主义的哈罗德·布鲁姆不是这样讲过吗，一切阅读皆“误读”。我就是这样理解《论语》的，为什么就不能把我的心得跟大家交流呢？

不流行的书，我也读。汪荣祖的《史学九章》卖不动呀，滞销的书，也读；钱穆的《晚学盲言》，是钱穆先生晚年，在眼睛失明的情况下，由他自己口述，他的夫人、弟子帮他整理的一本书，写得好！核心内容谈中西文化传统的异同，你想把握国学的精要，可能这是一本最好的入门书。杨成寅的《太极哲学》很难懂，说老实话，我到现在还读不懂，但我爱读，这没办法，越是读不懂就越是想读下去，一种好奇的欲望吧。

入世的书，帮助我更好地活在俗世的书，我读。比如说：台湾傅佩荣的《哲学与人生》，这书写得好，它是写给大学生的，因为哲学与人生课在台湾大学是最受欢迎的一门课，他是根据他的讲课内容写下来的，讲得深入浅出。早几年卡耐基的《积极的人生　智慧的锦囊》，帮助我克服了自己的焦虑，帮助我看到了自己人性上的弱点。彼得·圣吉的《第五项修炼》，什么系统思考啊、共同愿景啊、自我超越啊、心智模式啊、团队学习啊，很难读，没办法，我就是爱读。

教育类的书，我读。苏霍姆林斯基的《怎样培养真正的人》，写得真好！我推荐给我们学校的老师。我到杭州市拱宸桥小学当校长，给老师的见面礼就是送给大家人手一本书，书名就是苏霍姆林斯基的《给教师的建议》，我们读了一个学期。田正平、肖朗先生的《中国教育经典解读》，一册在手，中国教育的经典思想、经典理论全部在里面了。石中英写的《教育学的文化性格》，视野宏阔，学养深厚，是迄今为止我读到过的最有文化底蕴的教育类专著。

非教育类的书，我也读。比如范曾的《吟赏风雅》，写得洒脱、写得雅致！王小波《我的精神家园》，一边读一边偷着乐，黑色幽默，写得真好！刘小枫的《沉重的肉身》，试图回答困扰所有当代人的一个重大问题——性伦理的问题，尽管读得艰涩、读得云里雾里的，但还是读着，因为我依然困惑。

语文课程类的书，我读。王尚文先生的《语感论》，写得好！我的语文教育思想一多半受他老人家的影响。潘新和先生的《语文：表现与存在》，上下两册，洋洋一百多万字，这是我所看到的迄今为止中国当代语文课程理论方面最有建树、最有见地的一本书。王荣生先生的《语文科课程论基础》，那叫真做学问，那种理论的涵养，那个思辨的功底，真叫过硬，确确实实是科班出身。

非语文专业的书，我也读。比如兰色姆的《新批评》，我建议我们的语文老师都能够学会文本细读，这“文本细读”的理论和技术就是新批评学派提出来的。韦勒克的《文学理论》，美国人写的，搞文学理论的人都知道，在全球范围内，这是一本最为经典的文学理论教材。汪曾祺先生的《人间草木》，真好！文字的功夫已经到了出神入化的地步。在中国作家中，他的文字风格我最喜欢。史铁生的《务虚笔记》，半自传体的小说。史铁生小说的核心思想深受刘小枫先生神学思想的影响，要读懂史铁生，你就要读懂刘小枫。

学术类的书，我也读。比如朱光潜先生的《诗论》，太好了！我教《长相思》，在这个课里面，最核心的教学思想就是受了朱光潜先生《诗论》的启示。朱光潜先生认为诗是不可解的，诗最重要的是一个“见”字，你只有“见”到它，你才能深得诗之三昧。大家可以把《红楼梦》和《诗论》对照起来读，形成一种互文式的“参读”，能更好地体会朱光潜的观点。王元化先生的《文心雕龙讲疏》，这本书厉害，是极品。朱良志的《中国美学十五讲》，看得我三日不知肉味啊，好书！

国学经典类的书，我也读。王阳明的《传习录》，是王阳明传心法给弟子们的各种言说，由弟子记录下来的。阳明的学问是致良知的学问。他认为，无善无恶，心之体；有善有恶，意之用。心念一动，就有善有恶。知善知恶、为善去恶，这就叫致良知了。他认定每一个人都有良知，这个良知让人做善的事情。

西方经典的书，我也读。比如尼采的《人性的，太人性的》，尼采的哲学有很多可取的地方，他强调人是一种唯一需要超越自己的动物。天地万物当中，只有人会不断地超越自己。再比如海德格尔的《存在与时间》，说老实话这本书我读不懂，读得头都大了，还是读不懂，但我有种瘾，想读下去的瘾，这种瘾，可能比读得懂更过瘾。再比如说汉默顿的《思想的盛宴》，把西方两千多年来最伟大的哲学家、宗教家、科学家、文学家的代表思想都汇编在这本书里，值得一读。

儿童的书，我也读。比如《小王子》，比如《爱的教育》，再比如塞林格的《麦田里的守望者》，这本书里面粗话、脏话多得很，但很有味道，我一边读就一边笑。

陶继新：最后一个是浏览，就是看报纸、刊物和一些畅销书籍时，我是浏览。《学习的革命》这本书我看得比较早，是专门讲阅读和学习方法的，里面有教会你一个小时可以看几十万、上百万的文字的浏览法。一张大报，一个版面七八千字，用浏览法一分钟就看完啦。在欧美一些国家，小学生就用这种读书法，以便于他们大量读书，搜索素材、积累资料。有一些出国考察过的老师常会惊讶于他们小学四五年级的作业就是一篇题目很大的论文，而这篇作业想要完成至少需要到图书馆读近百本书，完成期限通常是两个星期。如果孩子们不掌握浏览读书法是很难做到的。

我认为很多的报纸、刊物、一般的图书，都是可以如此浏览的。因为，这些书通常只是一家之言，它在一定的范围内是有道理的，很难说是放之四海而皆准的。闲暇时刻，浏览一下，可以借此稍微了解当下人们的思想潮流和心灵状态。将近三十年，我只订一份刊物——《文学评论》，因为它是中国社科院文学研究所主办的刊物，有品位和深度。平常的一些大报，我也只是从网上浏览。因为这些一般的刊物、报纸，浏览下就行，起到了解信息的作用就行。在读书的品类中基本上属于下位状态，所以不必用太多时间精力。

王崧舟：陶老师讲到了四种读书方法，我们回顾一下，第一是诵读，第二是精读，第三是博览，第四是浏览。我的体会，这绝对不是我们一般意义上的所理解的读书方法，我们最容易误入歧途的是就方法论方法。刚才陶老师介绍四种方法的时候，实际上有一个很大的前提在，这个前提是什么呢？就是价值思考和选择在前，本体论的思考在前，确定自己的价值取向以后，才会有更多的方法论，所以本体论如果没有思考，方法论是细枝末节。第一等的书，你选择诵读；第二等的书，你选择精读。很显然这里有个价值判断和选择，而识别书的价值是方法的方法。

您刚才介绍的方法，我觉得是本体论和方法论的一个整合，是道和术的整合，这个非常重要。如果一个教师没有哲学的素养、没有价值观的追思，只是在方法、策略的层面上搞花样，他永远成不了大家。

陶继新：另外，读写是不分家的，徐特立说“不动笔墨不读书”，也是言明此意。其实是很有道理的，写有时是对读的深化，也是读者自悟、自醒的过程。

我认为，读书之中的写有这样两种办法：一是搞点摘记，特别是学生，像中学生，可以在读好书的过程中，从文中摘抄背诵一些经典的语句。特别有智慧的话语、格言，通过摘记之后不断地回味诵读，对自己会很有启示。摘记之时可能只是思维上瞬间的共鸣，但摘记之后，反复记诵而使之化为自己的未经验证的思想。之后在成长的过程中，遇到某种事、某个人，可能不期然便会使自己幡然彻悟，醍醐灌顶，从而使其真正转化为自己生命的一部分。尤其是很多中学生，正值人生观、价值观形成的关键期，一些好的摘记妙语可能会对之产生莫大的影响。一句话改变一生的例子早不是什么稀罕事，这正是摘记的妙用。另外，虽然是片言只语，但其语言的深刻度和优美度都是有的，通过摘记成为自己的思想，对自己语言的优化也是很有益处的。

王崧舟：惭愧！我念初中和师范那阵子，还有摘抄东西的习惯。记得读初中的时候，我从学校图书馆借了一套《红楼梦》，用了将近一个学期的时间，断断续续地摘抄了小说里面的所有诗词曲赋，还敝帚自珍地为这本笔记做了一个仿古的封面。读师范的时候，写一篇关于《春》的习作，我记得还引用了黛玉《葬花吟》中的诗句呢。现在不行了，尽用电脑了，动不动就是复制、粘贴、复制、粘贴，看起来储存的信息量好像大很多，但真正记到心上的反而少了。

陶继新：我有个特点，读书时会写一些评论。比如说我看了美国的畅销书《相约星期二》。这本书的主人公是莫里老人，他得了绝症，全书主要是谈他怎样一步步走向死亡的，很从容、淡定，甚至是幸福的。生命有生即有死，莫里老人看透了生命发展之后，觉得死也是很正常的。这本书令我感觉到生可以撞击出生命的火花，死也可以演绎出另一种精彩。“既来之，则安之”是让我心灵安静的良药。就像这样，感觉来了，就写写评论，记录一下自己的感悟，对所读之书也是一种深化。不过，这时所写的评论是即兴式的，既非长篇大论，亦非字斟句酌。记得第二次读完《相约星期二》之后，一时心血来潮，很快便形成了如下的文字——

《相约星期二》我已读过两遍，但还是不忍释怀，莫里老人面对死亡的从容与轻松，令我激动不已，思之再三。

孔子高足曾子有言：“鸟之将死，其鸣也哀；人之将死，其言也善。”现实中绝大多数行将就木的老人，言语善则善矣，但对死亡怀着巨大的恐惧。他们再没了往日的风采，悲哀至极中弥漫着对人世的留恋与怀念。

但莫里老人不然，他像一般人一样知道人有生便有死，不同于一般人的是，他能够生也快乐，死也快乐，生属于生命的全部，死归之于生命的终结，两者之间有一种必然的链条在牵引。生可以闪烁智慧的绚丽色彩，死也可以将人生大智碰撞出火花。生可以体验，死也可以体验，体验从生到死的过程，尤其是其间的心理过程，当是人生唯有的至高境界。而这，则成为莫里老人一笔伟大的精神财富。在临近死亡时，他看到了人生难以更改的自然法则，他真正做到了与生活讲和，顺从了这种自然法则，又给这一自然法则灌注进自然与和谐，使死与生同样具有价值。莫里老人在这一过程中的从容坦然，以及自觉的体验，都显得那么平静如水。他给了读者激越山河的壮美，让读者为他而歌、而泣、而敬、而叹。

莫里的伟大还在于，他病重时对子女的心灵支撑。我们见过许多病入膏肓的老人，迫切地将远在异地的子女招至近前，以慰藉自己的绝望与悲哀，并让子女奉行孝道的义务。孩子来了，竭尽侍奉，尽孝多日，然后眼睁睁地看着自己的老人死去，声嘶力竭地哭叫，以示悲哀与悼念。这没有什么错，几千年来即如是。但如果细细想想，其真正的意义又在何处呢？人之爱子，目的在于使子女生活得更加愉快。莫里老人似乎懂得了这个道理，他病危之际，两个儿子仍在异地一如既往地工作。临死的那一刻，他以亲人不在的方式告别人世，升华了他对亲人的至爱与对死亡的从容。

渐渐读懂了莫里老人，我也便从烦躁走向适然，悟到生命历程是不可以逆转的。每一生命个体，都要从容地面对它，逐渐地适应它，从中取其乐，从中感受超越世俗的一种美。

又翻开《相约星期二》，再一次去感受莫里老人的平静之中的不凡，也又一次使我在平静恬适中感受到幸福。

我常用这个办法来读书，也是自己慢慢摸索出来的一点经验吧。

王崧舟：我跟您一样有过类似的经历和体验。但是我没有写评论，或者说我用另外的一种方式评论，我是用自己的眼泪。前段时间，我正好读一本书，作者是美国一位后人本主义心理学家，非常有名的，被称为“后人本心理学界的爱因斯坦”，叫肯·威尔伯。他讲了一个真实的事情，他和他的妻子崔雅五年抗癌的经历，最后他的妻子走了，他把这五年的经历写成一本书叫《超越死亡：恩宠与勇气》。这本书我看到最后一个章节的时候，我正好在去福州的动车上，坐了五个小时，我看了五个小时。看到最后，我的眼泪流得稀里哗啦的，周边坐满了乘客，我都不好意思了，用书罩住自己的脸不停地哭。我觉得这个其实也是一种评论，一种表达。我觉得看书就是要打开自己的心扉，打开以后就真正地进去，就活在那个文字当中，甚至幻化为文字本身。

王国维在《人间词话》中讲到“隔与不隔”两种境界，我觉得自己读到这个份儿上，已经是一种不隔的状态，这个时候你的收益恰恰是最大的。它感动着你、滋养着你，我觉得这个时候是非常幸福的，因为你感觉到一个生命是如此有尊严、如此坦然地面对死亡甚至拥抱死亡，仿佛你自己也在跟它经历相同的状态，自己仿佛跟着它也死了一回。这种体验真是难以言传，只好用眼泪来表达，眼泪是灵魂的语言。

陶继新：您流了这么多眼泪，虽是外在表征，其实是你的心灵和作者的心灵碰撞了、融合了。中国历史上著名的文学评论大师刘勰在他的《文心雕龙》中写了一句话：“夫缀文者情动而辞发，观文者披文以入情。”得进入情境当中和作者心灵相通，没有高品位的读者，也读不出作品的真正的内涵。从某种意义上来说，读书就是读者和作者的心灵对话。当这种心灵对话进入到一定境界的时候，作者彼时、彼地、彼境状态下写的物象已经完全进入读者的状态了，而读者也进入到人物的角色中。眼泪就成了读者情绪的自然表达，可以说也是一种语言，只是转化成了另外一种形态。

肯·威尔伯，的确是一位大师，而且是一位天才。我也是非常推崇他。他对于长青哲学的实修，对于意识领域深广的研究非常人所能及。古今中外的哲学、社会学等几乎一切门类都经过他的整合，成了一套完整的系统，遵循这套系统，既可以体悟生命真相，又可以指导物质世界。他的书大部分都比较艰涩，但是读来令人欲罢不能。《超越死亡》一书是他的系列中最为感性的一本，也是他个人的一段真实的经历。书中崔雅令人心灵震颤的话，“痛苦不是惩罚，死亡不是失败，活着也不是一项奖赏”，既是一种生命的总结，更是一种生命的彻悟和完满。崔雅最后放弃“做”而融入了“存在”，实现了无我的大超越，体悟到了道的真境界。肯·威尔伯的书，非常值得读。

王崧舟：还有，书读进去以后，能不能打通，能不能跟自己的生命联结，能不能跟原有的认知结构联结，这是关键。联结越多越丰富，就记得越牢。打个比方，就像我们身体上已经有各种各样的插座，一本书来了，这里可以插通，那里也可以插通，这个联结就强了。书看下来，我会很自然地跟自己原有生命积淀的东西产生一种联结：一个是我跟书本身的对话，一个是自我之间的对话，这种多渠道、多路径的对话就会强化记忆。

阅读修行

知行合一

陶继新：说到这里，我同时也意识到另外一个问题，就是阅读其实是一种修行，是一种境界提升和心灵升华的过程。所以，王老师，想请您谈谈对阅读修行这一提法是怎么看的？

王崧舟：我前几年重读了《西游记》，以前读的版本是人民文学出版社出版的，属于传统的版本，那次我重读的是百花文艺出版社出版的，李卓吾点评的《西游记》。李卓吾那个时候是个流行作者，有些人会假冒李卓吾的名字，其实真正写点评的作者叫叶昼，是明朝中期一个很了不起的思想家。看了以后，我有一种豁然开朗的感觉。

作者有个基本观点，像《西游记》这样的书，千万不可当作所谓的神魔小说来读。叶昼的观点是《西游记》实际上是一本悟道的书，是吴承恩在带着你，借助小说中的各种人物、各种事件、各种细节，让你逐步地开悟。他提醒我们去注意一下小说当中核心人物孙悟空名号的变化。孙悟空从小说一开始出场到最后结束，前前后后有过六个名号：第一个是美猴王，出世以后，占山为王，进水帘洞，又出水帘洞，大伙一起尊他为美猴王，这是他的第一个名号。第二个名号是这么来的，他觉得自己也要死，泛舟渡海，去西牛贺洲拜师，他的师父须菩提祖师，是释迦牟尼的十大弟子之一，须菩提是空性第一，他给石猴起了一个法号叫孙悟空，这是第二个名号。孙悟空从师父那里学了两招，一招是筋斗云，一招是七十二变。回花果山后，他用这两招做了很多事，被龙王告了，后来太白金星把他骗到玉帝那儿，封了一个官，叫弼马温，这算是第三个名号了。做了几天弼马温，他就知道自己上当受骗了——在天庭，弼马温根本就不算什么官儿。孙悟空气得一个筋斗翻下天庭，回到花果山重新占山为王。他有几个好兄弟就怂恿他，干脆一不做二不休，自己封自己一个号吧，于是就有了第四个名号齐天大圣。后来，孙悟空大闹天宫，被如来佛压在五指山下。五百年后，他的另一个师父唐僧出现了，把他从五指山下救了出来，还给他一个号，叫孙行者。孙悟空护着唐僧西天取经，主要用的就是行者这个号。他们师徒几个一路西行，历经九九八十一难，取得真经，修成正果。孙悟空最终成为斗战胜佛，被后人供养。

按照叶昼的说法，这六个名号大有文章。他把这六个名号两两分组，一共三组，每一组在修行上各有隐喻和启示：第一组是美猴王、弼马温，寓意人的精神状态往往是"心猿意马"，这是修行的起点。第二组，齐天大圣、斗战胜佛，明确修行的最高境界，入世为圣，出世为佛，这一组象征修行的终极目标。但关键是第三组：悟空、行者。"悟空"就是解决一个开悟的问题，"行者"就是解决一个修行的问题。光悟不行，是假悟；光行不悟，是盲行。只有行悟不二，行悟合一，才有可能修成正果。实际上，孙悟空的这六个名号带给我们的启示是多方面的，正像您刚才所说的那样，真正的阅读就是一种修行。

修行过程一定是悟行合一的，读书要悟，但读书更要行。这和阳明先生所讲的知行不二的道理是一样的：知而不行非真知，行而不知非真行。我觉得中国文化的可贵之处就是学而笃行，这就跟西方文化不同。西方文化最终走向思辨，较少关注践行，较少关注生命自身的学问。中国文化的传统，一直强调要践行，要活出来，活出来就是践行，要落在生命的实处。你博学也好，审问也好，明辨也好，慎思也好，最终的落脚点始终是笃行。

为什么要笃行？因为只有笃行才能够解决生命实际的问题，否则只是玄想和空谈。尼采了不起吧，但尼采最终是发疯死掉的；叔本华了不起吧，但是他打骂女佣，还把女佣推下楼，导致女佣终身残疾，所以他们的哲学和他们生命活出来的状态是两码事。

我早期曾经有一段相当长的时间，读西方哲学的书，但是后来发现，西方哲学不能解决生命本身的问题，所以我最后又重新回到中国的传统文化、重新回到经典上面来。在这里，我读到了直指心性、回归生命的大学问、大境界。《老子》是这样，《论语》是这样，《大学》《中庸》也是这样。它们带给我的是一种亲切的温暖、充实的宁静，那种感觉就是家园的感觉。

您刚才讲我们很多老师读书读得不快乐，没有内在的喜悦，我想还是没有做到实修。读书归读书，生活归生活。读书与生活甚至处于分裂、冲突的状态。

陶继新：刚才您谈到了一个很重要的问题——践行，实际上孔子一直很关注这个问题。孔子说，君子“讷于言而敏于行”（《论语·里仁》）。他甚至说古代的圣贤都很少说话，但会机敏而积极地行动。他说“言之不出，耻躬之不逮也”（《论语·里仁》），古代的君子不轻易把话说出口，他们以说出来做不到为可耻啊。

哲学是人类解释和了解世界和自身的一门学科。西方哲学从早期自然主义哲学开始，在相当长一段时间内都是先验性的、理性的、智性的。直到近代科学的发源，实验方法的普及，“请验证给我看”，“眼见为实”，又对之进行了几乎彻底的否定，从唯心完全地进入唯物。可以说，西方整体思想论的发展都是建立于心灵或物质的单行道之上的，从而也导致了偏颇。

但是东方的哲学里，特别是中国的哲学，从某种意义上讲是整体的、辨行合一的哲学，从未将心灵与物质割裂开来，物质是心灵的显化，心灵是物质的前验，二者要同时成长和提升。所以，中国哲学大家多数是知行合一的，只是到了近现代，受西方思想的影响，才产生了很多的分裂现象。所以今天，西方很多领域的专家们已经感受到了他们的局限，并意图转向更加完整全面地认识世界和人类自身的东方思想。

不论看多少书，不管思想多深邃，如果没有践行，就不可能真正感悟生命、感悟人生。光说不做、光做不思，二者都是绝对不行的。孔子有个弟子叫宰我，他爱睡懒觉，孔子批评他，宰我就答应不再睡懒觉，但后来宰我还是这样做，孔子就说："朽木不可雕也，粪土之墙不可圬也。"（《论语·公冶长》）孔子是非常反对只说不做的，特别是巧言令色、花言巧语的。行不出来，知便非真的知。所以践行很重要，就像刚才您说的，如果把"行"这个中间环节去掉，那就完了，知也很难达到了。没有践行，不管怎么读书，都不可能修得正果。人的一生之中，要有一本或几本须臾不能离身的经典，有其伴随，生命才不至于萎缩。比如《论语》，就是与我几十年如影随形的一部经典。我先后背诵过六遍《论语》，阅读的关于《论语》译注的书更是不计其数，有的还看过十多遍，并作了批注。仅此是不是就可以了呢？我认为未必，自己读懂了，能讲得让别人也听懂吗？同时，还不能人云亦云地重复他人之说，要有自己的生命感悟与语言风格。即便如此之"知"，也还不可以，关键是"行"了吗？王阳明说："知者行之始，行者知之成。"有的人讲起《论语》来侃侃而谈，甚至还不乏妙趣横生之言。可是，观其行，却是与《论语》的思想要义背道而驰的。其实，那等于没读，甚至不如不读。我感触很深的就是，《论语》改变了我的行走方向乃至生命样态。所以，这本书成了我一生的精神支撑。有了它，我心安然，我心亦纯净。

2020 年 7 月，齐鲁书社出版了我的《陶继新〈论语〉心悟》一书。这部书稿是 2020 年春节过后，我在疫情期间写就的，凝聚了我几十年的心血，对于我来说，它的出版有着"划时代"意义。同时，这本书又入选了"中国教育报 2020 年度教师喜爱的 100 本书"，这说明这本书在教育上还产生了一定的影响。在这本书里，有不少内容谈到生命之悟以及行的重要性。

王崧舟：我遇到过一些很有思想的年轻教师，在网络上非常活跃，很厉害，侃侃而谈，什么东方的、西方的、经典的、现代的、后现代的，讲起来一套一套的，讲得天花乱坠、天马行空。但是我发现，他一进入课堂，一面对学生，就不行了。什么原因？他缺思想吗？不缺！缺眼界吗？眼界大了去了！缺知识吗？他学富五车、才高八斗！我觉得他唯一缺的是行动！是实践！什么是学习？只有导致行为方式改变的学习，才是真正的学习。

拿我们的语文课程为例，“工具性和人文性”的争论从未停歇，一会儿东风压倒西风，一会儿西风又压倒东风。一线的语文老师，一会儿跟着西风拼命跑，一会儿又跟着东风拼命跑。跑到现在，一个不小心，就掉进了徐志摩的诗里：“我不知道风／是在哪一个方向吹——／我是在梦中，／黯淡是梦里的光辉。”那些喋喋不休的专家们，可曾在实践的大地上老老实实、切切实实地走过、行过、耕耘过？不要抽象地去谈论什么人文性、工具性，去看看那些鲜活的、生动的、充满着感性细节的课堂实践吧，你在实践中看到过纯粹的工具性吗？你在课堂里看到过纯粹的人文性吗？真正的实践、真正的课程实践、真正的教学行动，一定是混沌的、整体的、裹挟着所有工具性和人文性的细节向前流淌的。用行动去思考，在行动中思考，为了行动去思考，这样我们才能修成语文教育的正果。

比如何其芳先生写的《一夜的工作》，何其芳先生首先是个诗人，你绝对想不到，这样一位激情澎湃、才思瑰丽的诗人，竟然写了这么一篇读起来“味同嚼蜡”的文章。开始读《一夜的工作》，你会感觉“没有感觉”，因为，这语言、这叙述实在是太平淡了。但是，仔细一读，才会发现，其实这人真厉害，绝对是玩文字的高手。他抒发自己的感情，几乎没有废话，很干净，很凝练，他的情感不突兀、不宣泄，它包含在叙述里面，款款道来，让你慢慢去咀嚼，像嚼口香糖一样，嚼着，嚼着，味道就出来了。你看这段文字：“那是一间高大的宫殿式的房子，室内陈设极其简单，一张不大的写字台，两把小转椅，一盏台灯，如此而已。”就这段文字，拆拆看，哪里是工具性？哪里是人文性？拆得开吗？开玩笑！工具性、人文性，都只能栖身在文字中、话语中。扎扎实实地把文字读细了、读深了、读美了、读化了，工具性、人文性自然而然就在其中了，还用争吗？

在这段文字的教学中，我试图营造一种气氛，让学生进入情境中去。在学生进入情境之后，文字的意蕴和内涵能得到更好的解读和接受。这里既有很强的工具性，又有很深的人文性，是两者的统一而非割裂。读这段话，我们应该有语言的敏感，我会特别关注其中的一个词语，“那是一间高大的宫殿式的房子”，你看，什么房子？高大的宫殿式的房子，对不对？“宫殿式”这个词语太重要了！这个词语，是打开话语意蕴之门的一把钥匙。去掉“宫殿式”三个字，句子照样通，意思照样清，这是高大的房子，是不是？显然，“宫殿式”这个词语是何其芳这个玩文字的高手有意嵌入的。他要传递一种信息，他没有明说，他是含蓄地告诉你，这所房子有来历，这所房子不简单，让你想开去。

我让学生想，孩子们，看到“宫殿”这个词，你会想到什么呢？这所房子以前的主人可能会是谁呢？有的说，老师，会不会是慈禧太后的房子？也难怪，现在清宫戏、辫子戏看得多了吧，流毒很深啊，孩子们都知道老佛爷慈禧太后。我说不是，那家伙比慈禧还大。有的说，那是不是皇帝住的房子？我说也不是，比皇帝还要大。学生都张大了嘴巴，傻了！愣了！比皇帝还大？怎么可能呢？怎么还有比皇帝大的呢？我知道这有点为难孩子们，但这样让他们猜一猜有好处，算是一种铺垫和蓄势。于是，我来了个谜底大揭晓。这房子的主人是清朝最后一个皇帝宣统皇帝的摄政王——载沣。摄政王就是管皇帝的那个人，自然很厉害喽！一个摄政王的官邸，里面可能会有什么？这就是让学生逐渐进入一种现场、一种情境、一种虚拟的生活。学生的想象力非常丰富，有的说，里面一定金碧辉煌；有的说，里面一定铺着大红地毯；有的说，里面一定挂满了名人字画；有的说，里面一定摆放着珍贵的红木家具；有的说，里面一定陈列着各式各样的金银珠宝、古玩器皿。这样一来，“宫殿”这个词语就不再是一个平面的符号了，它被学生的经验和想象还原成了一种丰富的、立体的、多姿多彩的生活场景、历史情境了。这样一个还原的过程，你说是工具性呢还是人文性呢？

然后，我话锋一转，这高大的宫殿式的房子，过去是摄政王的官邸，它曾经如此富丽堂皇、如此豪华奢侈，但是，当这所房子成为我们中华人民共和国第一任总理的办公场所，你走进去，你看到了什么呢？一张不大的写字台，两把小转椅，一盏台灯，如此而已。你打量打量这所房子吧，有红木家具吗？没有！只有什么？一张不大的写字台，两把小转椅，一盏台灯，如此而已。有金银珠宝吗？没有！只有什么？一张不大的写字台，两把小转椅，一盏台灯，如此而已。有古玩器皿吗？没有！有名人字画吗？没有！有水晶吊灯吗？没有！只有什么？你看清楚了，看仔细了！一张不大的写字台，写字台只有一张，而且不大；两把小转椅，转椅只有两把，而且很小；一盏台灯，如此而已。看到这样的办公陈设，你只能想到一个词语来形容，那就是——“极其简单”！怎样的简单？极其简单。谁能给“极其”换一个词？“十分”？不够。“非常”？不够。“相当”？更不够。能换吗？不能换！怎样的简单？极其简单，简单到了无以复加的程度，简单到了不能再简单的地步。想想看，这是谁办公的地方？这是共和国总理办公的地方啊！但是，极其简单的是陈设，而在极其简单的陈设的后面，我们分明感受到了一种极其不简单的东西——那是总理的人格，那是总理的品质，那是总理的情怀！此时此刻，你面对的是这段文字，你面对的是这极其简单的陈设，你面对的更是一位共和国总理的灵魂和精神！来吧！把自己的感受、自己的感动化作自己最真诚、最用心的朗读吧！

你看看，这样一个过程，是工具性压倒了人文性呢，还是人文性压倒了工具性呢？事实上，在具体的教学行动中，我没有刻意地认定这个环节、这个时候是在进行工具性的训练，那个环节、那个时候是在进行人文性的熏陶。我只是引领学生直面文字、直面话语，在文字的咀嚼、在话语的品读中，激活和调取学生的生活体验、阅读积淀。在将文字还原成画面、还原成场景、还原成生活的过程中，自然而然地实现了工具性的训练和人文性的熏陶，这是一个你中有我、我中有你、相互交融、共同成长的过程。

这就是行动，这就是修行。没有行动一定没有效果，这是一个极其朴素又极其深刻的真理。多数情况下，人因为自己的惰性和惯性，往往想得多、做得少；往往说的是一套，做的是另一套，而相对于说的一套，做的一套则要大打折扣。因此，行动永远是第一位的。

陶继新：您对何其芳先生写的《一夜的工作》一文的理解与教学堪称绝妙，让我有一种“于无声处听惊雷”的感觉，非有深厚的文学功底与对总理的挚爱之情，是不可能有此奇妙景观的。

我在曲阜师范学校教过三年半的文选和写作课，偶尔也会有所得。比如我在教刘基的《卖柑者言》时候，就有了自己的发现与感悟，并随即写成《借人抒怀，意蕴悠长——〈卖柑者言〉写作二题》一文，并发表在《语文教学》上——

元末明初政治家、诗文作家刘基的讽刺小品《卖柑者言》，短小精悍，内容丰富，堪称一篇独具特色的艺术珍品。

托柑以讽，借人抒怀

元末社会黑暗，统治者腐败无能。刘基身为进士，曾任高安县丞、浙江元帅府都事等职。对此现状，他朝夕耳闻目见，深感忧愤。如直言上书，可能招惹祸患，但他“性刚嫉恶，与物多忤”（《明史》本传），愤世嫉俗之情，难以遏止。于是虚构了这篇小品，巧设障眼法，托柑以讽，借人抒怀。作者故意让读者步入迷阵，认为“我”只是一个政治漩涡里的旁观者，从而令读者通过卖柑者之言，认清文官武将“金玉其外，败絮其中”的真相。这种障眼法，确乎奏效，甚至连后代某些研究古文的大家也被蒙骗住了。其实，斟酌品味之后，便可轻轻地将这遮掩视线的迷雾除去。文章卖柑者的语言，不仅条理井然，缜密严谨，妙趣横溢，而且句句在理，寓意深刻，颇似一个大政治家、文学家的一篇针砭时弊的富有文学色彩的驳论。而作者刘基不仅精通诗文、文笔精妙，而且关心政治、洞悉时事；联系刘基的思想，读者不难发现，原来作者正是巧借他人之口，将喉中之鲠，愤然吐出，达到讽喻的目的。这点，与先哲们的某些寓言，颇有相似之处。而其讽刺之尖锐深刻，竟至于将矛头直指元朝统治集团。这伙欺世盗名之徒，远不同于卖柑的小欺，而是鱼肉百姓的大欺。这样，托柑以讽的意义便达到了制高点，令读者掩卷之后，心绪难平，仍然在进行严肃的思考。

结构严谨，环环相扣

全文可分三层："怪问""笑曰""默思"。问→答（曰）→思，既符合现实生活的逻辑，也不悖于艺术的真实性。"怪""笑""默"三字，又可将"我"与卖柑者的神态与心理活动呈示在读者面前，而且小有波澜，令人津津有味地去品尝其间的甘味。"怪问"承上而来，势之必然；"笑"须细观下文，方知底蕴；"默思"则紧承卖柑者之言。如此自然，三层之间，环环相扣，不可倒置与割裂，构成一篇完整、紧凑、和谐、统一的讽刺佳作。

每层叙写，也不例外。第一层由柑子的"金玉其外"引出人们的争购和"我"的"贸得"，而引出了怪问。不仅给人一种水到渠成之感，而且饶有情趣。第二层由卖柑者的"笑曰"开始，令读者惊讶疑惑，欲知下文。而卖柑者振振有词，以语意连绵的一个反问，由小欺说到大欺，由自己谈到芸芸众官，由一场一遇触及整个社会，不仅章法严谨，似细针密线，而且文官武将的大欺形象被描绘得活灵活现，黑暗的现实如在眼前。开始的惊疑，顷刻烟消云散，此时再去回味开始"笑"的内涵，竟是如此的深刻，社会的黑暗，被揭露得入木三分。第三层，默然而思，展开联想，委婉含蓄地道出了为文的主旨。

卖柑者描绘抨击的并非哪一个具体人物，而是文官武将这一"社会相"，不是"这一个"，而是"这一类"，是一个集体形象，它与生活原型达到了"形神俱似"的境地。联系元末芸芸众官的丑态秽行，读者自会产生一种会心的微笑，涌出一股嘲讽的意趣，从作品绘制的艺术形象中领略到一种美的感受。因此，我们甚至觉得《卖柑者言》又与鲁迅先生的杂文有某些相似之处。

知与行要相互转换，通过行我们更加了解到自己的不足，再通过知去补齐不足，并于行中去验证。有一位国外的知名导演一生中的作品并不多，但是部部均为经典。他说每拍完一部作品，都会让自己慢慢进入思考的状态，站在一位影评家的立场上去品读作品，然后他再把思考的结果结合生活的经历、人生的体会统统拿到他的新作品中。作品最终是他思想的成长记录，充满了生命的美与不足。

很多人都说，陶老师您的状态一直都非常好，我说因为我一直在践行，这不是一种自我炫耀，而是我对知行必须合一的认识。我要求自己必须边读书边不断地实践，正是在实践当中我感受到自己精神的一种提升。

很多人还问我，陶老师您怎么写了这么多东西？您发表的文章有一千多万字，您是怎么写的？我说定心，心不定就别想写好。大家可以想一想，如果整天在那里气急败坏或者恐惧万状，你是写不出文章来的。我大部分的散文是在火车上、轮船上、飞机上、宾馆里写成的。很多人说旅程中多乱啊，其实，只要心定了，世界就静了。刚才您说在火车上看书，看得泪流满面，这也是进入状态了啊。人没有这个定是学不好的，所以修行可让人心定，心定方能修行。老子说："五色令人目盲；五音令人耳聋；五味令人口爽；驰骋畋猎，令人心发狂；难得之货，令人行妨。"（《道德经 · 第十二章》）就是说五彩斑斓的世界，使我们感觉很好、很美、很绚烂，但很多是有害的东西，使人心不定。得把这些"害"去掉，走向真正的利益状态。这个利益不是物质的利益，而是心灵境界的一种提升。

王崧舟：那怎样才能提升呢？要感到读书写作是一种幸运的事情。有了这种认识，这时候感觉就不一样了。这时即使外边万象纷繁，也不能撼动我的心，所以写作就成为一件很舒服、很幸福的事了。

审美愉悦

陶继新：我在家的时候，吃早饭与晚饭时，通过喜马拉雅听读古代经典一个来小时；晚饭后或读或听世界名著两个多小时。有时外出在火车上或其他场合，我多是通过喜马拉雅来听世界名著的。有的时候，还会在登山锻炼时，带上几页打印好的经典段落，爬山过程中，满眼绿色，我就边背诵经典、边观风景，这种感觉，真有和自然融为一体，和圣者融为一体，和宇宙融为一体的超脱、宽广、幸福啊。这是一种生命的状态，享受读书，享受生命。由此，阅读也好，写作也好，便完全成为一种审美的愉悦体验，并延伸到人的整个生命状态。

王崧舟：您这是读书与生活合二为一了，这是读书最高的境界，也是最美的境界。有句名言说："假如你有两块面包，你得用一块去换一朵水仙花。""水仙花"是我们不能缺少的精神愉悦。读书是精神生活的重要方式，拒绝读书的生活是肤浅的，是苍白的。但对待读书与生活，"隔"是一重境界，"不隔"又是一重境界。以"隔"的境界视之，读书是读书，生活是生活。读书与生活总归是两张皮，读书之内无生活可言，生活势将远离读书。以"不隔"的境界视之，则读书是生活，且读且活，且活且读，在生活中读书，为生活读书，读书成为生活。从根本上说，读书和生活应该是相融的，读书是审美的事，读书是诗意的事，读书是灵魂的事，这一切都应在生活中。

陶继新：是呀，读书就要乐在其中。孔子的文化被称为乐感文化，孔子说："发愤忘食，乐以忘忧，不知老之将至云尔。"（《论语·述而》）意思是："我发愤地学习，快乐得不知道忧愁，甚至连自己老了都不知道啊！"我想要是进入这样一种学习状态，又如何能不快乐呢？他甚至说："饭疏食饮水，曲肱而枕之，乐亦在其中矣。"（《论语·述而》）食用的是粗茶淡饭，睡觉时躺在地上胳膊一弯当作枕头就睡着了，但生活的乐趣正在其中啊。孔子很感慨地称赞颜回："贤哉，回也！一箪食，一瓢饮，在陋巷，人不堪其忧，回也不改其乐。贤哉，回也！"（《论语·雍也》）颜回太好了啊，每天一竹筐饭、一瓢凉水就是饮食的全部，住在简陋的巷子里，一般人谁也受不了这种贫寒，颜回却天天很快乐。这绝非字面上所能理解的，而完全是一种生命体验，你我都有过这种体验，完全能够理解这种心灵的超越性极乐。所以读书践行的时候，你要是不感到生命的价值，不感到一种特殊的心灵愉悦的话，那就不是一种修行。

王崧舟：诗人于坚这样写道：

> 一首魅力四射的诗是一个塔
> 塔的基础部分人人可进可懂
> 个人的修养（心灵、感觉、阅读积淀、知识结构）决定你可以进入诗的哪一层
> 最核心的塔顶部分，只有少数人可以进入
> 但如果只有这个高处不胜寒的少数而没有下面的基础，塔就飘在天上

读书也像攀援高塔，颜回之乐，不是所有人都可以体验的。这让我想起《世说新语》中一则故事：

> 王子猷居山阴，夜大雪，眠觉，开室命酌酒，四望皎然。因起彷徨，咏左思《招隐》诗。忽忆戴安道。时戴在剡，即便夜乘小舟就之。经宿方至，造门不前而返。人问其故，王曰："吾本乘兴而行，兴尽而返，何必见戴？"

子猷虽未见戴，但"乘兴而行，兴尽而返"不正是一种深刻的幸福体验吗？读书，重在阅读过程中的欣赏和体验，这一过程，恰似"从山阴道上行，山川自相映发，使人应接不暇"。一个人，在思想碰撞的创造性阅读活动中实现着自己的生命追求，这是一种幸福，也禅意盎然。

我曾经这样总结读书：

第一，读之性是纯粹的，无压迫、无功利、无尘俗生其间，不为应世，全为应性，乘兴而读，兴尽则止。

第二，读之境是宁静的，读书如坐禅、如品茶、如赏游鱼、如对远山，心无旁骛、神不外逸，止而后定、定而后静、静而后安、安而后虑、虑而后得。

第三，读之味是欣然的，伏天读书如饮甘露，冬日读书如偎暖炉；花前读书俨然仙翁，月下读书如温旧梦；雾重重时读书开人茅塞，雨敲窗时读书驱人寂寥；春风得意时读书平心静气，坎坷失意时读书淬砺心志；多姿多彩的日子读书可助雅兴，平淡无奇的日子读书以添风骚。诚如五柳先生所言：每有会意，便欣然忘食。

第四，读之序则是不讲章法的，听凭兴趣、兴味和兴致，不刻意、不固执，随读而安，怡然自得。

只有这样的读书才是对生命、对自然、对当下、对生活的全然的爱与拥抱。

陶继新：我一直有个感觉，读书也好，写作也好，甚至整个的修行也好，它绝不是心力交瘁的一场苦旅，而是生命个体不断探索未知、走向未来的幸福之旅，整个生命都是这样的，整个宇宙也都是这样的。伟大的艺术家罗丹说过这样一句话：“美是到处都有的，对于我们的眼睛，不是缺少美，而是缺少发现。”对于我们的心灵，何尝不是如此。但问题是，为什么有些人就是看不到这种美，是什么挡住了他们发现美的眼睛，他们的心灵当中为什么构建不了一座幸福快乐的大厦？深究下去我们就会发现，不是不能，而是不愿。人的意愿决定了人的行为方式，蒙蔽眼睛的不是别人而是自我，或说自我的欲望。我记得有这样一句话：“知足是天赋的财富，奢侈是人为的贫穷。”欲望是一把扼杀幸福的利刃。

阅人读己

王崧舟：其实，这就涉及读书的另一种境界。我的体会是：读书的最高境界是读己，读自己。我们读书往往会淹没在他者的思想当中，忘了当初阅读的最原始的发心。有句话叫作“不忘初心，方得始终”。读书的出发点只是为了解决自己生命中的问题。但是，读着读着，我们就会被书夺去了这个初心，忘了初衷。我们读一本书，就是跟一个灵魂打交道，倾听他，跟他对话，有时同声相应、同气相求，有时看法和见解不一致，甚至有冲突、交锋。读到深处，却忘了归路，忘记了读书的最高境界是照亮自己的灵魂。其实所有的书籍都是镜子，最终要照亮的是自己的灵魂，而不是拿着别人的镜子当自己的灵魂。读了很多书，反而不能照亮自己的灵魂，反而让自己的灵魂蒙尘、黯淡、消融，那就是颠倒梦想了。我觉得您刚才讲到的境界，就是读己的境界。您说读书不是一场心灵苦旅，读书是生命个体不断探索未知、走向未来的幸福之旅，这是对自己生命的一种极大的觉醒和关怀。读书至此，夫复何求？

再有，读书其实也是为自己读书。《论语·宪问》中有这样一句话："古之学者为己，今之学者为人。"这确实是至理名言。夫子认为，古时候的君子读书是为了自己，为了修炼自己的身心，为了积聚自己的精神能量，为了提升、为了超越，为了让自己活得更好，他才读书，他才做学问。这一切的一切都是为了自己。所以，不要把儒家之学看得很高深、很神秘，其实儒家之学是为己之学。

我们读书是为什么？为自己，不是为别人。为别人读书的人会时刻想着，我今天读了一本书，明天我要在人前炫耀一下。为了炫耀，为了显示自己有学问；或是为了外在的一些目标，如我要做一个课题，我要拿一张文凭，我要考一个证书……于是我不得不去读书。这样的读书，跟生活、跟生命是相隔离的。用王国维的话来说，处于一种"隔"的状态，是两张皮。而我认为，真正的读书完全是为自己，就像吃饭。你为什么要吃饭？我要活着呀！你为什么要呼吸？我要活着呀！你为什么要读书呀？我要活着呀！道理就这么简单！

陶继新：是啊，当读书像呼吸一样自然，像吃饭一样发自本能，人就会感受到无限的丰富和满足。

您说的读己很有道理。苏格拉底曾经说寻求知识的过程让他感觉到自己的无知，他说，知道得越多，越感觉自己的无知。读书让我们不断地发现自己，认识自己，感受自己。我诵读了几十年的《论语》，对孔子高山仰止，景行行止；虽不能至，心向往之。在某种意义上说，它是改变我生命走向的一本书，因为它让我的思想与心灵得到修炼，即在“为己”层面大为受益。同时，孔子所说的“己欲立而立人，己欲达而达人”也是我追求的理想境界。也正是在这个立己而立人，以及立人与达人的过程中，我感觉到了生命的意义。人的一生只有一次生命，不应当庸庸碌碌、无所事事一生，而应当让生命焕发出其应有的光芒。仅此还是不够的，应当用自己的光芒来照亮更多的人，影响更多的人，让他们的生命也闪烁出灿烂的光芒。

王崧舟：我想到一个禅话故事。说佛印禅师和苏东坡在杭州的灵隐寺一起游玩，两人来到观音菩萨的像前，佛印禅师就合掌礼拜。礼拜完了，苏东坡就问佛印：“人人都念观世音菩萨，为什么菩萨的手上也和我们一样，挂着一串念珠？观世音菩萨念谁？”佛印说：“念观世音菩萨。”苏东坡又问：“为什么也念观世音菩萨？”佛印说：“菩萨比我们更清楚，求人不如求己。”

读书当然是在求人，无论是求知识、求技术、求信息，还是求文化、求智慧、求解脱，一样都是求他者灵魂的帮助、加持。但求人必须最终回到求己上来，道理很简单，自己的问题只能靠自己来解决，解铃还须系铃人。所以我们常说，佛不度人人自度。读书读己，求人求己。

陶继新：大师的精神境界都是相通的。刚才您讲到读的关键是读出自己来，要读不出自己来其实不是在读书。这几年我最大的变化是能不断地读出自己来，生命被不断滋养，甚至我能听到自己生命拔节的声音。所以我经常说，今天的陶继新一定会超过昨天的陶继新，明天的陶继新一定会超过今天的陶继新。

王阳明的《传习录》我看了好几遍。王阳明的“心即理”“致良知”“知行合一”都是强调道德的自觉和主宰性。他说：“知是理之灵处，就其主宰处说便谓之心，就其禀赋处说便谓之性。”人心能够知晓行为的善恶，也能自觉地去为善，这就是本心的“明觉”。他有一句话：当你看到满街皆是佛的时候，你自己就是佛了。这便是读己的终极指向。好多人为什么看到这个不好，那个也不好，这其实是他自己的问题，是他修行不到。内在的修行不到家，就看什么事情都不顺眼，看什么现象都是问题，看什么人都是恶的。

王崧舟：“为己读书”这点体会更多的还是来自我自己的成长经历。我是 1984 年参加工作的，到现在为止，教书都三十多年了，这三十多年要是分一分段的话，大致可以分成六个时期，基本上是五年左右一个时期。第一个时期是崭露头角，第二个时期是孤独沉潜，第三个时期是一鸣惊人，第四个时期是开创流派，第五个时期是领导潮流，第六个时期是迈向本真。这六个时期中，有个阶段非常特殊，因为从世俗功利的角度看，这个阶段我几乎一事无成、一无所获，这个阶段就是“孤独沉潜”。这个阶段是我专业成长中最低迷、最孤独的时候，现在想想，生命的成长是有节律的，你有高潮必然有低潮，所以你对生命成长中出现的种种挫折、失落、沮丧甚至痛苦完全可以看得淡一些。

从 1990 年到 1995 年，我翻开自己的档案，发现除了埋头教书，埋头研究，埋头帮助别的老师，自己没有任何获奖，没有任何公开课，没有任何荣誉，抛头露面的机会都给了别人，自己一直处在徘徊彷徨之中。而且有那么一两年，因为家庭经济的原因，我甚至动过弃教从政、弃教经商的念头。什么原因？穷！房子买不起，老婆也讨不起。但是后来作罢了，机缘不到。当然，这五年我也在成长，也在发展，一种常态的、顺其自然的发展。

我有时候在想，名师是无法培养的，名师也不是靠培养才出得来的。这时期，对我的发展起主导作用的是什么？我想是志趣。因为事实上，这五年我读了大量的书，没有干扰，没有诱惑，心静下来，只要自己感兴趣的书都读。当时读书的动机也非常单纯，不是为了考试，也不是为了文凭，读书只是为了读书，或者说，读书只是为了自己。

我读什么书？读宗教类的书，读哲学类的书，读文学类的书，读美学类的书，读“老三论新三论”的书。可能现在的年轻教师不一定知道“老三论新三论”，可在那个时候，“老三论新三论”是最时髦的理论书籍。“老三论”就是系统论、控制论、信息论，“新三论”就是耗散结构论、协同论、突变论。我还读人物传记类的书，读红学方面的书，甚至读中国古代术数类的书，什么《周易》占卜呀、《三命通会》呀、《邵子神数》呀、《奇门遁甲》呀，什么书我都读，只要有感觉，只要有兴趣。有人说，读诗如饮酒，读散文如品茶，读小说如享佳肴，读历史如聆听沧桑老人漫话如烟往事，读哲学如对视一双目光深邃的眼睛，目光如炬，烛照灵魂。我感觉，确实是这样。

这五年我还听了大量的课，各种各样的课，每年累计不少于二百节，可以说绝大多数的课我都做到有记录、有反思，这是职务所逼。因为我是教导主任，你去听课不能没有交流啊，我现在依然保持这个习惯，就是一边听一边写反思，听完了马上就和教师交流意见，这一半是被逼的，一半也是我喜欢思考的缘故。包括当时听名师的课，我不喜欢跟风，人家说好，我不一定说好，人家说坏我也不一定说坏，我很尊重自己的内心感受和想法，无论多么稚嫩、多么肤浅，我都记下来。于是，我开始对当时的课堂进行微格研究，没有人逼我，纯粹是自己喜欢。研究导入、研究点拨、研究表达、研究训练、研究结课，而且这些研究结果当时都发表在《浙江教育》上。

五年的沉潜，肚子里装了上百本书、上千堂课，慢慢发酵，慢慢酝酿，慢慢融入我生命中的每一根血管、每一个细胞。表面的确很平静，没有一次抛头露面，没有谁来关注我，但是在平静的底下，生命的能量却不断在灌注、不断在膨胀。所以我现在回想起来，如果没有这五年的沉潜，那么就不可能有后面的那个我、现在的这个我了。

刚才我们谈到了儒家的一些主张和学问。事实上，在我看来，儒家之学就是“为己之学”，这门学问为我们打开了自己做主、自己站起来、自己光明自己的修身法门。我们看孔子回答颜渊问仁的话：“克己复礼为仁。一日克己复礼，天下归仁焉。为仁由己，而由人乎哉？”这话已经说得再清楚不过了，正如王阳明所讲的那样，圣贤之学只是为己之学。他也一再强调，君子之学，为己之学也。

“己”是修身的出发点，“己”也是修身的最终归宿。你看，“己所不欲，勿施于人”；你看，“己欲立而立人，己欲达而达人”；你看，“仁远乎哉？我欲仁，斯仁至矣”；你看，“行有不得，反求诸己”；你看，“君子求诸己，小人求诸人”。可以说竹简中那个上身下心的“仁”字的古老写法，正是这种“为己之学”的极为形象的写照，它标志着“为仁”或做一个仁者，只能靠自己的整个身心去投入、体认和追求。

读书建议

取法乎上

陶继新：说到这里，王老师，还有一个问题值得深入探讨一下，就是好多老师经常会问到的：你们谈读书，那能不能谈一些对于读书的建议呢？所以王老师我想听听您关于这方面的见解。

王崧舟：读书的建议您刚才已经谈得非常详备了，而且您谈的都是自己的过来之言，所谓如水在口，冷暖自知。我的体会是，第一，读书一定要读最好的书。“吾生也有涯，而知也无涯。以有涯随无涯，殆已。”你就这么一点时间，眼睛一闭一睁，一天过去了；眼睛一闭不睁，一辈子就过去了。人类文化知识的积淀浩如烟海，你读得过来吗？所以，你面对的第一个问题不是怎么读的问题，而是读什么的问题。有一个成语叫“汗牛充栋”，是形容书多的。其实，现在的书已经不是汗牛充栋可以形容的了，说“恒河沙数”也不为过。因此，要解决“时”的有涯和“书”的无涯之间的矛盾，我们只能“选择”，择书而读。

我的选择是，读上乘的书、一流的书、经典的书。现代人求新求变，喜欢读新的书，喜欢猎奇。其实求新求变心理的背后折射出来的是内心的不安和焦虑，用牟宗三先生的话说，“心思愈只注意外在的对象，零零碎碎的外在材料，自家生命就愈四分五裂，盲爽发狂，而陷于漆黑一团之境”。

实际上，有一种书是长青的书，有一种哲学是长青的哲学，有一种智慧是长青的智慧。它们一旦横空出世，便永不过时。这跟新旧无关，跟多少无关，我们要读的就是这种书。无论是东方的还是西方的，无论是古代的还是现代的，确实有这样一些书存在，重点读这些书。

第二，读书一定要读切己的书。宋朝的大儒陆九渊写过一首《读书》的诗："读书切戒在荒忙，涵泳工夫兴味长。未晓莫妨权放过，切身须要急思量。"他当然说的是读书方法，我在这里想说的是读书内容也要切身、切己。流行的书不一定切己，时髦的书不一定切己，甚至那些经典名著也不一定切己。切己，就是跟自己的生命相关切。生命的困顿、苦恼、纠结、提振、豁达、超越等，这些内在的需求应该成为你选择读书的另一个重要标准。能够切入你生命的书，就是切己的书，就是重点要读的书。有一段时间，我读克里希那穆提的《智慧的觉醒》，读尼尔·唐纳德·沃尔什的《与神对话》，读索甲仁波切的《西藏生死书》，那正是自己的生命跌入一个巨大的困境中无力突围的时候。这些切己的书，很好地照顾着我脆弱的灵魂，使我有力量得以慢慢地爬出低谷，瞥见自性的晨曦。

我还有一种奇妙的体验，就是当自己的生命陷入一个浑浊的漩涡难以自拔，而自己又真切地渴望出离这样一种无序混乱的状态的时候，有些书会主动找上门来。那个时候，不是你在找书，而是书在找你。我想，这就是一种相应吧。书也是有生命的存在，只有跟自己的生命产生相应的书，才是你要读的书。所谓书缘，讲的就是这种相应的状态。

读什么的问题解决了，我们再来解决怎么读的问题。刚才您讲到的一些方法，诵读、精读、博览、浏览、摘记等，都已经相当完备了。而且，我从中还体悟到一点，就是读不同价值的书，需要用不同的方法。我现在想从另一个角度来谈谈自己的读书方法，前面提到的这些方法是讲求秩序和理性的。而我觉得，读书方法既有理性的一面，更要有直觉的一面。我读书常常是比较随性的，怎么读呢？一旦确定了读什么，怎么读都是可以的。

有些书我会隔三岔五地读，比如《红楼梦》，我从初中时候开始读，都已经读了三十多年了，就是读不厌、读不够、读不透。读过《刘心武揭秘〈红楼梦〉》，自己再读，知道了细读，发现了小说的缝隙；读过潘知常的《〈红楼梦〉为什么这样红》，自己再读，领会了其中爱的密码、生命的诗意；读过刘再复的《红楼梦悟》，自己再读，境界为之一震，大道豁然敞亮；读过《蒋勋说红楼梦》，自己再读，虔诚的情怀油然而生，一木傲然，一石黯然，凡所有相，皆是虚妄，若见诸相非相，即见如来。读到那一刻，我已泪眼婆娑。

有些书，我会三心二意地读。比如一段时间里，我同时在读格非的“江南三部曲”：《人面桃花》《山河入梦》《春尽江南》，肯·威尔伯的《意识光谱》，还有叶兆言的《乡关何处》。读累了《人面桃花》，我就读《意识光谱》；读累了《意识光谱》，就去读《乡关何处》；读累了《乡关何处》，回头再读《人面桃花》，特别有意思。《人面桃花》是小说，《意识光谱》是心理学、哲学，《乡关何处》是散文、随笔，这几本书的写作语境和思维有着很大的区别，徜徉在他们各自不同的精神世界里，一路风光不同，有时看到烟波江上，有时看到桃花源头，有时看到落日熔金，感觉蛮好玩的。我并不刻意要去打通这些书之间的壁垒，那样反而会头上安头、自寻烦恼的。但是，这样三心二意地读书，带来的效果往往是无心插柳柳成荫。我原先并不指望在《意识光谱》中读到《人面桃花》或者《乡关何处》，但是当我基本上领会了意识光谱的进化层次以后，我再读《人面桃花》和《乡关何处》时，就有一种强烈的感觉：心灵的档次决定着作品的档次、文字的档次。与此同时，我还有一点特别惊喜的领悟：只要我深入这些文字的每一个当下，我的心灵就和作者处于同一个档次。因为，《意识光谱》让我明白：我的“当前感受”就是我“本身”。

陶继新：您刚才提到的“三心二意”应该加上引号，您可以用“三个心，两个意”读各种各样不同类别的书，您的心作用在这些书中，从不同的侧面撞击着您的心灵，它们所碰撞出的生命火花是神秘而无法言表、无法比拟的。就像我们在生活中无法想象的生活体验，经由不同的书籍让我们了解无比丰富的世界，让我们跳脱出固有的思维模式，让我们的生命有了宽度、厚度，对于生活与生命有了更多的认识与感恩。我认为不拥有一定文化品格的人是无法这样去读书的，这很适用于您，也适用于有较高文化品位的人去阅读。

所以，我们的读书建议首先就是包括您刚才谈到的，“要读最好的书”的建议，这是一种“本”，如果本末倒置，就很难让读书成为生命提升的途径了。

教师读书，我觉得首先要读一些教育经典，要读《学记》《论语》《孟子》……要读苏霍姆林斯基、王阳明、陶行知等人的书，这些是经过了时间长河的冲刷依然活力四射的、有价值的、有思想的书。真正得以流传千古的经典是不太多的，什么是经典？经典就是任凭大浪淘沙、时光流逝，它仍然富有震撼力、影响力，经典可以使我们的生命被改变、被修正、被拓展。我也常常陷入到发现这些改变的狂喜中。所以这些经典不但要读，而且要常读，在生命的不同阶段不断地重读。

苏格拉底提出过一个著名的命题“认识你自己”。他说，每个人都要自己去发现真理，没有人可以代替你。而这种发现和认识，既要通过外在知识上的累积去了解，而更重要的是内在世界的自我探求。心理学研究称，人的外在世界所看到和表现出的现实不过是内在世界的投射，所以，只要看看你的外在世界，基本上可以大致了解自己内在世界的境况。想真正地改变自己的外在世界，就要自己在内在世界里不断地拓展。刚才您提到的长青哲学也告诉我们，人的本真实相是一个无限的大我，包容一切，涵括万物，拥有至善之美。但是经由不断的自我设限，最终成了这个处处感受着限制和不自由的小小的自我。而认识和发现就是一个重归大我的过程，也是一个不断解除限制、打破疆界的内在意识拓展之旅。

王崧舟：您的观点与肯·威尔伯在《意识光谱》中的核心观点不谋而合。精神和意识的进化过程，正是一个从小我到自我、从自我到本我、从本我到超我、从超我到大我的演化过程，用佛学的语言讲，就是一个不断破除“我执”的修行过程。

陶继新：经典的阅读看上去似乎是一种外求，其实它更是一种内在精神生命的自我唤醒。经典的魅力恰恰在于它直指人的内心，直接作用于人的内心。阅读经典、阅读大师，是生命对生命的影响，从他们的无限性上读出自己的有限甚至自私，从而打破心灵的一道道界限，而不断拓展。再经由外在自我经历上的验证，一点点重塑自己的内在，这种改变便有了脱胎换骨的意味。而这时，也会让人对发现这个新的更大的自己充满了好奇和狂喜。

虽然我们常常在各种场合利用各种机会建议教师们多读经典、多背经典，然而我同时也发现，响应者只是其中的一小部分。很多人都听时雀跃，回家忘却，或者虽有一试之心，但拿起来读不到几页，就感觉晦涩难懂而止步不前。很多时候，教师们认为这是自己缺乏上进心的表现，甚至还因此降低了一些对自己的评价。其实，大可不必如此。我们可能都听说过物理学上有一个共振原理，文字也好，语言也好，作为一种信息传递的方式，都是有一定频率的波。不同的文字、不同的语言振动的频率大不相同，而经典恰恰是处于较高的振动频率，所以它可以净化、提升较低频率的思想意识，前提是只要较低频率不断地与较高频率接触，慢慢地就会与之共振。而我们大多数人的思想意识通常处于较低的频率，所以刚一接触高频率的经典，会觉得很难形成共振，也就有种不兼容、不适合、看不懂、很遥远的感觉。但是，只要发挥意志力的作用，持续地接触经典，哪怕读不懂也不断地读，背不过去也不断地背，一段时间过后，频率同步了，就会有种琴瑟相合的默契感产生，想弃之不读，反而是一种困难了。而经典之中的高妙之精神、纯雅之心灵便悄然重塑了我们的内在世界，并不断地改变着我们的外在世界。

除了上述这些真正的经典外，我觉得教师们还可以多阅读一些新教育经典。何谓新教育经典？就是那些基于纯正经典之上的，同时内容又富有一定程度革新性的书籍。与社会发展一样，教育也是与时俱进的事业，每一代人都因为社会的极速发展而有着截然不同的生活经历，正是因为这些经历的不同，每代人的思想必然会有或多或少的差别。如果把旧模式一味地套用给新思想，有些时候就不太适用了。所以我所说的革命性即指要舍得放下甚至推翻原有的成功案例，寻求最适合孩子发展的方式。例如蒙台梭利教育系统、华德福教育系统、成长型思维等，以及在教育和心理科学上闻名的皮亚杰、布鲁姆、罗杰斯、加德纳等，作为教育界人士，我们都要了解甚至研究。

在读书建议上，我还有跟您相同的地方，就是不仅读教育类的经典，还要读教育类以外的经典。因为教育它不可能是孤立存在的，在整个大的文化当中它只是一个分支。所以只读教育方面的书会像苏东坡说的那样，“不识庐山真面目，只缘身在此山中”，思维模式一旦固定下来就很难跳出来。所以，真正成为教育家的人，绝对不是只研究教育，更不是只读教育方面的书，还要读教育类以外的许多经典。教育类以外的经典看得多了，那便如苏东坡说的另外一句话了：“横看成岭侧成峰，远近高低各不同。”能用多方位的视角去看世界，反而会“举一隅，以三隅反”，一通百通呢。

除看经典以外，我也读无字之书。我采访王老师，觉得您的话语就是经典，我就读您，读您的观点，读您的思维方式。您一直徜徉于经典的海洋里，持续地用大师的思想与智慧来滋养自己的生命，于是，您就有了一般教师所没有的人生境界和灵动的语系。您的教学，在举重若轻中，总能摇曳出独具特色而又异常美妙的风景；而学生，则在“风景这边独好”的兴奋中，情不自禁地游进了精神享受的河流里，且在不知不觉中，叩开了高效学习的大门，从而步入了优秀学生的殿堂。

有的教师只是惊诧于您驾轻就熟的课堂教学艺术，却没有揭开这外显的精彩形态的神秘面纱，更没有探究其目之未见的精神源泉。其实，没有日积月累经典之作的阅读，哪有出奇制胜的教学景观？试图用上数月时间阅读十几本或几十本名著，就想在名师的殿堂里有一席之地，无疑是一种奢望。只有几十年如一日地阅读经典，甚至读而诵之，才能实现真正意义上的生命蜕变。

王崧舟：心中有佛，看人是佛；心中有魔，看人是魔。这正说明您的心灵境界非我等能及，我哪里当得起经典二字？心灵品位越高的人，越能虚怀若谷、海纳百川，这是您让我特别崇敬的地方。

厚积薄发

陶继新：我还非常欣赏您的另一个观点，就是尽可能地以非功利状态阅读。

现在好多老师读书是因为想做一个课题，或者想做一个报告，或者为讲一堂课，为此而赶快看书，现学即用，以求立竿见影。可能也见着影了，可那是多小的影子啊！

读书要非功利化。当你奔向经典的时候，奔向大师的时候，可能看起来你做的事与你的教学无关，但它内在是有联系的，其中的关系太重要了。实际上我们的教学，常常是“山重水复疑无路”，常常是“山回路转不见君”，常常是困兽犹斗空辛苦。只要大师稍稍点化，一切就简单了，甚至整个思维层次都可以大大提升。俗话说：“读万卷书，不如行万里路；行万里路，不如阅人无数；阅人无数，不如高人点悟。”为何有高人点悟就如此神效呢，因为点悟是在“道”上的，可以一通百通，而不是仅仅得了些“术”上的小技巧，此时有效，彼时失效。所以《周易》上说“易简而天下之理得矣”，就是说大道至简。

如果我们看书只是出于功利，可能当时能取得一点小成绩，但是成就不了大辉煌。我现在非常担心的就是，现在的教师太急功近利了，甚至一些名师也是如此。于是我把当今的名师分成了两大类，一是像王老师您这样的真正意义上的名师，堪称大家；另外一种名师是因为一些特殊的机遇，或者是用了一些特殊的手段，甚至是不择手段地“混”成名师的。后者显然是违道而行，当违道而行的时候，在某一个生命节点他是会感受到彷徨与痛苦的，尽管这些“名师”不会像昙花那样快地消失，但是若干年之后再来看中国小学语文界，真正能守住这片净土的，真正还能在这路上行走的，到底能有多少人？

王崧舟：我恐怕是属于后一种名师的，甚至连“名师”二字都当不起。我只能把您的评价看成一种鞭策，在语文道路上少一点浮躁，少一点功利，少一点沽名钓誉；我也只能把您的预言看成一种警策，无论自己能走多远，即便如昙花一样谢了，也要多一份沉静，多一份诗意，多一份功成弗居的从容。

陶继新：您的谦虚让我感动不已。其实，孔子就是大谦之人。在2020年7月由齐鲁书社出版的《陶继新〈论语〉心悟》一书中，凡15章中就有《有谦乃大》一章。但凡有德有才之大家，几乎都具备谦虚的品质。孔子有句话："无欲速，无见小利。欲速，则不达；见小利，则大事不成。"（《论语·子路》）读书也好，教师的成长也好，我都有一个观念，叫蹲苗。可能一般人不知道什么叫蹲苗，我一解说大家就明白了。我年轻的时候当了十年农民，而且是地道的农民。当时我家分到一小块自留地，每年种两季麦子和玉米。我种的玉米，不光在我们村里，包括周围村里，都算是数一数二的好玉米。玉米秆又粗又壮但是矮了一截，玉米棒却是又粗又大。有的老农民对我说："我们种了一辈子地了，怎么还没你的玉米长得好，道理是什么？"我说："蹲苗。"他们都问我："什么叫蹲苗？"我说，玉米苗有了充足的水分，有了阳光，有了肥料之后，它会疯长。但是长到很高很茂盛的时候，来一阵狂风暴雨就有可能把它吹倒，就算没吹倒，它供到玉米棒上的营养也不够了。这时我就给它"蹲苗"，别叫它长这么快。我锄地，把表层的根锄掉，叫它往深处长。而且我还有一招，叫移苗式蹲苗。什么叫移苗式蹲苗呢？玉米苗长到一定程度，我在赤日炎炎似火烧的天气，将其移到另一个地方。它要挣扎着活下去，就只能往更深的地方扎根。所以我的玉米苗虽然长得慢，但是长得很粗壮，狂风暴雨也无其奈何，所以玉米棒也很大。

从这上面我就想到好多教师不但不是给自己"蹲苗"，反而是揠苗助长，光想赶快发展起来，光想着尽快成名师。我们老祖宗说得有道理啊，"大器晚成"。还没到一定的节点你如果成名了，那就像速成品一样，任何一种速成品都没有丰富的营养，都无法为成长提供足够的养分。任何事情都要有一个过程。教师们要"蹲苗"，不要着急，特别是年轻教师更不要急，你才刚二十岁、三十岁，你有一个伟大的资本——年轻啊。如果你不注意蹲苗，不注意积累，你可能很快长好了，但是也许一阵狂风暴雨就把你刮倒了；你就是结个果，那果也不大。

怎样给自己好好“蹲苗”？我觉得有两点。

一是切勿揠苗助长。要在读书上下大功夫，不是小功夫，也不是一般的功夫，而是持之以恒，日积月累。我们可能常上银行存款，但是千万不要忘了给自己进行文化存款。我认为有一点谁也拿不走，永远都是你的，那就是文化。你钱再多，可能自己花掉了，你的子女花掉了，或者别人给你偷走了；你有了文化，任何人都拿不走，你自己都无法丢弃。所以当一个教师不断地给自己积累文化、储蓄文化时，他的文化就不断升值，到了一定的节点，他结出的果，跟其他教师早结的果感觉就不一样了，那是真正的自然成熟，是一种必然。

二是种瓜才能得瓜。教师在教学的时候，千万要注意，别投机取巧，天上永远不会掉馅饼，没有一定的努力，没有一定的付出，是永远不可能成功的。因为有一个生命规则叫“种瓜得瓜，种豆得豆”。

所以我给教师提两点要求：第一，你不要介意比别人干得多。我觉得干得多其实是沾光了，因为你做事就是在进行生命的积淀，你干得多就比别人积淀得多，成长得多。这一点非常重要，这是一种思维的转换。第二，你要时刻了解自己的状态怎么样。有的老师说：“我教书教了二十八年了。”我就问他：“你用心教了多少年？你享受教育多少年？”他愣住了。年复一年地教书，要么重复既往，要么对着教参，日日年年如此，他没有给自己积累文化，在教育教学过程中没有自我的提炼和积淀。他缺少这一点，所以他只是个教书匠，这是一种痛苦的生命之旅。

整个宇宙浩渺无边，地球在宇宙中只是一个点，人在这地球上也就是一个点，任何一个教师都只是沧海之一粟。所以我经常跟教师说，是让生命焕发出光彩，还是庸庸碌碌一生，决定权只在你自己手中。你要使自己真正地每一天都有提升，厚积而薄发，甚至到了有发言权的时候也别急着发言。你要相信，当你真正有了思想境界，有了文化境界，到了真正有话语权的时候，你不想说都不行，甚至说得社会化一点，不想出名都不行。就这么简单！看看王老师您，不就是厚积薄发的证明吗？您给自己积累了文化，积累了思想，才有了这超越常人的一种教育之道。所以我想，读书如果不考虑长远的价值，生命走向如果仅仅是停留在为我当前所用的话，对未来是没有多大好处的。

王崧舟：陶老师说的这一点我非常有共鸣，我也表达过类似的观点，就是“教的是底蕴”。所有的优秀教师，所有的名师，他最终在课堂里面所呈现的，其实就是他的文化底蕴。他的魅力来自他的文化底蕴，他的吸引力、创造力乃至竞争力也来自他的文化底蕴，由底蕴来筑基。这个“基”就是冰山的基座，冰山的基座越庞大，那么露出水面的冰山一角就可能越高。

您讲的第二点，倒让我想到了这两个学期我们一直在读的一本书，就是稻盛和夫先生写的《六项精进》，之前我们读过他的《活法》。稻盛和夫先生在《六项精进》里面谈到的第一项就是“要付出不亚于任何人的努力”，他说大家都在努力，但是你扪心自问，你的努力是不亚于任何人的吗？如果一个人不能付出不亚于任何人的努力，又想求取名，又想求取利，又想求得舒坦一点，天下没有这样的好事。正像您所讲的，不可能掉馅饼，或者老话讲的“机遇只垂青有准备的头脑”。我想这个“准备”当然是全方位的，但是很重要的一条，当你付出不亚于任何人的努力的时候，老天都会同情你，伸手帮助你，有个成语叫“天道酬勤”，讲的就是这个道理。我前段时间写过一篇文章，叫《课堂有神灵》——

> 最近读日本经营之圣稻盛和夫先生的《敬天爱人》，击节叹服，感佩不已。稻盛先生在谈及京瓷公司发展中具有划时代意义的产品——“多层IC封装”的开发时，提出了一个令我震惊的理念——“现场有神灵”。
>
> 据稻盛先生回忆，这一产品的开发难度之高，超乎想象。为此，开发团队在两个月中几乎不眠不休，全身心投入，头脑中没有一丝邪念。为了克服一个接一个的障碍，他们每时每刻都在思考解

决办法。就在这种状态下，团队突然发现了迄今为止一直忽略的现象，从而一举突破难关。

稻盛先生说：“那是因为神看见了我们拼命工作的样子、那极度认真的状态，被感动了，可怜我们，因而伸出了援助之手。”“这应该称为‘神轻声的启示’……只有在与紧迫感相伴的状况之中，创造之神才会出手相助；只有以真挚的态度面对事物，神才会打开创造之门。”

企业如此，我们的课堂又何尝不是如此？

2005年，在无锡举行的“全国首届中华经典诗文教学观摩研讨会”上，我执教《长相思》。要知道，那时的我，连完整的教案都还没有准备好。可就在我硬着头皮上台不久，课堂呈现了一种神奇的状态：教学环节仿佛都像事先商定好一样，一环接着一环，流畅而富有诗意地伸展着、起伏着，《长相思》一课成了诗意语文的巅峰之作。

事后想来，这大概就是稻盛先生所讲的，我为了《长相思》忘情地、疯狂地、全神贯注地投入备课，不断地想，不断地思考，一次又一次在头脑中模拟课堂现场，那些开始只出现在梦境里的东西逐渐清晰，最后梦境与现实的界限消失，得到了神灵的帮助。

课堂有神灵。

几年前，我在太原上《二泉映月》。课中，一个孩子冷不丁地提出了这样一个问题：阿炳为什么要把积淀已久的情怀倾吐给这茫茫月夜？这绝对是我始料未及的问题，但是，就在那个节骨眼上，我竟然极其流畅地做出了这样的反应：“你能联系阿炳的遭遇想一想为什么吗？”那个孩子恍然大悟似的说：“因为阿炳孤苦伶仃，身边已经没有什么亲人和朋友可以倾吐自己的情怀了。”我又面向全班学生追问：“除了这一点，你们还能联系阿炳的童年想一想吗？”有孩子马上回答：“阿炳小时候曾经跟师父一起来到泉边赏月，现在他对着月夜就像对着他的师父，他是把自己的情怀倾吐给师父听。”我又一次追问：“联系阿炳的向往，你又有什么新的理解呢？”“阿炳向往光明和幸福，月亮象征着光明，也象征着纯洁，所以，阿炳才会把自己的情怀倾吐给茫茫月夜。”学生的回答赢得一片掌声。

说实话，我都不知道自己哪来这样的课堂急智。在那样紧张的氛围下，面对那样突如其来的发问，我的反应仿佛梦境一般，真以为那不是我在上课，是另有一位淡定睿智的人借了我的身体形式在传递一种诗意般的顿悟。

但后来我终于明白了一点：那是因为我太爱《二泉映月》了。当我怀着的爱的激情特别强烈和持续时，就产生了一种对阿炳、对《二泉映月》全然的敏感。任何一个方面的刺激，有关的和无关的，都会通过全然的敏感，转化为通向理想目标的台阶，神灵就在此刻降临。

课堂真有神灵！

今年9月，我推出了自己的新课《望月》。其实，早在三年前，我就有了开发《望月》的强烈冲动，这冲动持续在我心中积淀，未曾减弱，一直到今年年初，我着手备课。那时，我的心中只有一个念头：《望月》必须上出境界。细读文本时，我想着“境界”；搜集资料时，我想着“境界”；寻找图片和音乐时，我想着“境界”；设计教案时，念念不忘的还是“境界”。但是，“境界”一直未在我的眼前呈现。一次，我从重庆讲课回来，坐在飞机上，正是黄昏时节，舱外落日熔金、暮云合璧，我出神地望着，突然，一个思路如闪电一般掠过我的脑海：

见山只是山，见水只是水——望月只是月；

见山不是山，见水不是水——望月不是月；

见山还是山，见水还是水——望月还是月。

这不正是“神轻声的启示”吗？回家后，我迫不及待地打开电脑，开始构思《望月》的详案。那时，我有一种奇怪的感觉，仿佛有一个更高的灵魂正借了我的大脑和双手倾吐着他的想法，有关《望月》的种种环节和细节，几乎是不假思索地在我的手下流泻。我仿佛早已置身在课堂上，和孩子们一起分享着《望月》的三种境界。

课堂无处没有神灵！

稻盛和夫先生帮我发现并深深体验到了这个奥秘：

只有当你对自己的课堂不掺杂一丝邪念的时候，神灵才会降临；

只有当你对自己的课堂付出不亚于任何人的努力的时候，神灵才会降临；

只有当你对自己的课堂充满无限敬意的时候，神灵才会降临；

只有当你对自己的课堂树立崇高目标的时候，神灵才会降临；

只有当你对自己的课堂拥有刻骨铭心的体验的时候，神灵才会降临；

只有当你对自己的课堂燃烧着生命激情的时候，神灵才会降临……

“有神灵”其实就是古人所说的“精诚所至，金石为开”。要达到这种目的，取决于我们的状态。这种状态就是高度投入，彻底忘我；就是付出不亚于任何人的努力；就是凝聚自己全部的精神能量指向一点，莫失莫忘，不离不弃。到那时，你不召唤，神灵自显。到那时，不只是你的生命在绽放，而是整个宇宙的生命跟你一起在绽放。

读书三阶

陶继新：我一直感觉每一个人都有巨大的生命能量，只是有的时候我们不仅不能提升自己的生命能量，还会在有意或者无意之间泄漏自己的能量，甚至摧毁自己的能量。

现在某些名师讲课看起来活灵活现、花样百出，但是当你冷静下来思考回味以后，发现他缺少的就是您刚才说的“底蕴”。当一个名师他只是表演，没有内在的生命能量，没有生命底蕴的时候，这个名师就走到尽头了，名师行将不名。只是现在好多名师还不明白这个道理，注重的只是表演。但是真正有生命张力的绝不是表演，而是内在的能量、内在的积淀的自然显化，就像是功夫中的内功修为一样。

我在读王老师的书、研究王老师的时候，就发现王老师的重心始终放在积聚生命能量上，而且一直在积聚，所以您的生命能量越来越大，越来越强。您所到之处，会令周围人自然而然地感受到一种强大的气场，这就是您常年修习文化内功的结果。

其实每一个人都是这样，你内在付出了多少就会积聚多少能量。我是地地道道的农民出身，真真实实地出了整整十年苦力，30岁才考上了济宁师专。那是1978年，也是我生命转折的一个关键节点。

今天屈指算来，已经有43个年头了。偶尔忆起往事，好像就在眼前一样。

时间会磨平你的意志，也会让你愈发坚韧不拔；时间让你庸庸碌碌、一事无成，也会让你奋发有为、辉煌灿烂。

我不是前者，亦非后者。只是一个知道珍惜时间、不断发展的人。

我不是极其聪明者，亦非特别愚笨者，只是芸芸众生中的一个。

也许正因如此，我不可能一举成名与成就大业。

有感于那句名言“发展才是硬道理”，才让我一直持续行进，一路发展着，只不过发展比较慢罢了。

其实，只有天才再加机遇，才能飞速发展；我非天才，也少机遇，所以，发展虽发展矣，可绝不可能速成。

好在孔子有言：“无欲速，无见小利。欲速，则不达；见小利，则大事不成。”

我没有速成，也不是见小利而开心者；当然，也没有成就什么大事，只是做了些一般人只要努力都可以做成的事而已。

王崧舟：这个就是定力。

陶继新：文化和知识是不同的。知识是表象，是堆积，是吃别人嘴里吃完的饭，而文化是把他人的知识真正内化到自己心里，成为自己的底蕴后，再外化出来的呈现，是和内心相契合的一道风景。

我经常举这个例子来解释文化与知识的区别。有一次，我正好走到一个十字路口，前面红灯亮了，一个很年轻的、衣着得体的女士，完全无视信号灯的指示横穿马路。指挥交通的警察就对着她大声喊：“红灯亮了，没看见吗？你还走！”这位女士一点儿不示弱，她停住脚步大吼一声：“你吼什么？一点文化也没有！”那个警察被她噎得一句话也说不上来。我要用这个例子说明什么问题呢？如果是一个老农民赶着小毛驴车闯红灯，他是没知识，或说没有这方面的常识。但这个女士，很可能还是个大学生、研究生，她知道红灯停绿灯行，但她偏要闯红灯，她是有知识没文化。

从知识转化为文化，需要一个过程。读书也是这样，根据我的经验和教训，我感觉读书要经历三个过程——

第一个过程，读书需要坚持。

谁都知道读书好，但是真正一以贯之读下来的人太少了。有一位女老师听了我的报告后写了一篇文章，我看了以后笑了，大概内容是这样的：

> 今天上午听陶老师讲《读书与教师生命成长》，中午我没吃饭就直奔书店，买了《论语》《道德经》等几本书。到家以后先跟儿子说，从今天开始，咱两个人一块来背经典，先从《论语》开始。但是背了三天，我就受不了了，就此放弃，然而我得叫我

儿子背下去。

坚持做一件事情是很难的，尤其是开始的时候，但是她没有意识到，如果她背不下去，那么她儿子也很难坚持下去，甚至她的这种对儿子督促的行为都可能很难持久，到了那时，一切就又恢复了原初的样子。

我有一个感觉，不仅读书，其实做任何事情都一样，坚持太重要了。我们可以给自己锁定一个很好的目标，但是在抵达目标的过程当中会遭遇各种困难、波折，太多的人在困难和波折面前裹足不前，结果前功尽弃；只有极少数人，再困难也矢志不渝，坚持到目标达成。我始终有一种坚定的认知，这也是我从经典中得到的“大道”之一：要想抵达一个美丽的目标，在行进的道路上必然有波折，必然有困难，这些波折和困难之所以存在，不是为了设限，而是为了让人享受到破解困难提升自我的心灵愉悦。了不了解这个“大道”，就形成了截然不同的两种思维方式：第一种，把困难看作痛苦，这样一来，做任何事情，包括读书，都很难成功，而且总是伴随着痛苦。但另一个是把困难看成是成功路上的必然经历，身处艰难当中依然有一种特殊的幸福感。我感到读书就是这样。为什么很多人没能抵达成功的彼岸，就是没能在困难时坚持到底。

但是话又说回来，坚持很好，但坚持从字面上就让人有一点不舒服的感觉，过程当然也不容易。那我们就培养习惯，就是让读书成为习惯。一次又一次地这样做，就形成习惯了。这是读书的第二个过程。

我们家人是这样培养读书习惯的：我大女儿搬了新家以后，压根儿就没买电视。我二女儿搬了新家，有一个电视但是把有线电视信号停了，她们的孩子基本上都不看电视，当然也没有机会养成看电视的习惯了。当然有的电视节目也不错，包括有些少儿节目也不错，但我发现一个问题，当孩子长期看少儿节目的时候，就走不出来了。在德国两位人智医学的先驱代表人物所著的畅销书《儿童健康指南》中，有章节特别提到了电视对于儿童的影响：

以下是一些为何电视这种媒体特别对儿童神经系统与感觉器官会造成持久伤害的因素：

非自然性的视觉过程以及感官活动的解体：看电视时，当影像移动，我们的眼睛固着地盯在屏幕上。儿童也一样，往往僵直地坐着，眼睛着迷于一闪即逝的充满视觉感官印象的电视屏幕。他们的眼睛肌肉不动，全身其他的肌肉也随之停滞。以这样的方式注视物体造成不正常的视觉过程。正常的视觉过程，眼睛肌肉的眨动变化很多，而且会跟随被观察的物体“漫游”。再者，电视影像的色彩与比例与真实并不相符，而且屏幕上立体空间被投射成平面。而我们唯一投入的只有视觉和听觉两个感官，其他的感官几乎完全没有受到刺激，没发挥任何作用，促使身体功能不完全。打个比方，我们可以说看电视就像是全身被上了石膏。在眼科治疗上，这种情况很有效。一个刚动过眼睛手术的病人，医生会为他开一个在诊疗所收看几个小时电视的处方。因为避免运动可以帮助手术后的肌肉康复，而看电视是保持眼睛肌肉完全不动的唯一方法。

……

激发被动接受的中枢神经过程：在头脑里，处理电视播送影像的视觉过程有别于正常的主动的视觉过程。在主动视觉中，眼睛不断地活动并觉察微小的色彩变化，而且所看见的事物会与其他的感官输入互相补足。而从电视屏幕来的感官资讯洪流……淹没了儿童处理他们觉察事物的能力。他们吸收了零碎的图像与零碎的句子，而儿童通常很难在他们的所见和所听之间建立起任何连结。这些刺激使得脑部产生片断的、混乱的思维过程，进而影响到他们发育中的娇弱的脑部神经连结。这表示，脑部将发展成一种被动思维的器皿，无法健全地预备想象性与独创性的思考。

> 攻击性与烦躁不安的行为升高：看过电视之后，儿童通常会有一下子不知如何是好而倾向攻击、骚扰、烦躁不安、情绪不佳等。这种身体上的坐立不安正如他们看电视时缺乏活动一样不正常。这个反应更主要是来自孩子被迫不活动，而不一定是节目内容（无论是暴力、滑稽或是有意义）造成的，当然有问题的内容影响力更大。

同时，这两位作者还建议：“唯有儿童的情感与意志力发展完成了，他们的生活里才可以有电视的角色；换句话说，也就是大约在 13 ~ 15 岁。但无论如何，直到 9 ~ 10 岁‘跨越卢比肯河’之前，电视应该列为禁忌。”

由于我的两个女儿在这方面很注意，孩子们来到我家里也想不起来去开电视看，并形成了读书的习惯。

一旦形成读书的习惯后，就会有一个思维定式了，就想读书，甚至想背书。但这还不是读书的最高境界，最高境界是审美状态，就是一读书就感到很快乐很幸福，这就进入了读书的第三个过程——审美。

司马迁的《史记》当中有一篇叫《孔子世家》，其中有四个字很有意思——韦编三绝。什么叫韦编三绝呢？我国春秋战国时代没有现在的纸和笔，所有的文字都写在竹简上，然后再用牛皮绳子把竹简串起来，像一个个长长的小帘子，平时就卷起来放着。孔子看写在竹简上的《周易》看到什么程度，牛皮绳都断了多次还乐此不疲。一般人肯定很烦了，但孔子怎么说呢？他说：“是故君子所居而安者，《易》之序也；所乐而玩者，爻之辞也。是故君子居则观其象而玩其辞，动则观其变而玩其占。”（《周易·系辞上》）好几个“乐”，好几个“玩”，此之谓其乐无穷也。因此我感到，读书如果能进入到这样的状态，就能从内在改变自己了。与之相关的，你的思想、气质、行动，你的外在表现，也都变了。知识便已转化为文化了。

王崧舟：作为教师，他承担着普及文化、传播文化甚至创造新文化的使命。文化必须“化”，“化”是一种感染、一种影响、一种触动、一种改变。

教师读书之后，不能成为一个“两脚书橱”，要将底蕴转化为自己的教学力。您刚才从“坚持——习惯——审美”这个维度谈了读书的过程，对我很有启发。我还想从“读书——底蕴——教学”这样一个实践维度谈谈读书的过程。因为读书，我们丰厚了底蕴；因为底蕴，我们的教学充满了活力和灵性；因为教学，我们更加体认到读书的意义。于是，这个循环就自觉进入良性运转状态。但这只是对一个理想状态的预期，现实中却往往并非如此美妙，甚至常有困顿、不知所措。关键在哪里呢？我认为，关键在两个转化上。

第一个转化是读书到底蕴的转化，这是一个积淀的过程。因为，并非你读书了、读书多了、读书久了，你就一定有底蕴了。读书是一码事，底蕴是另一码事。有人终其一生读书，也不过是一个“两脚书橱”。不能转化为底蕴的读书，等于白读，在我看来还不如不读。这个转化太重要。如何转化呢？我觉得书就像水，读书就是在水里涵泳。只有全身心地沉入其中，切己体察、熟读精思，才会有收获、有积淀，才能转化为生命的底蕴。

第二个转化，就是底蕴到教学的转化，这是一个创生的过程。底蕴不一定都要转化为你的教学，但是，没有底蕴支撑的教学往往是浅薄的、寡味的。底蕴转化为教学，存在四种境界：一是浅入深出，一是浅入浅出，一是深入深出，一是深入浅出。底蕴很浅，教学却要玩高深，这就是浅入深出，最要不得；底蕴很浅，教学也稀松平庸，这就是浅入浅出，老实是老实，但功夫显然不到家，也要不得；底蕴厚实，教学却流于艰涩，总想把自己的所得一股脑儿塞给学生，这就是深入深出，用心可嘉，效果不佳；最理想的，自然是深入浅出，最深厚的底蕴用最浅近的方式传递给学生，道而弗牵、强而弗抑、开而弗达，我们所要的就是这样的转化。

这样一来，三个环节就可以进一步简化为两个转化：从读书到底蕴的转化，我称之为“积淀”；从底蕴到教学的转化，我称之为“创生”。积淀储存生命能量，创生释放生命能量。积淀是“吸”，创生是“呼”，在一呼一吸之间，你提升了读书的品质，更新了生命的能量，也因此成就了专业的精彩和卓越。读书的奥秘，全在“呼吸”二字。

文以化人

陶继新：读书求知，最终是为了转化为文化，文以化人，从“知识就是力量”升华为“文化就是生命”。王老师请您谈谈知识转化，文以化人。

王崧舟：刚才我们已经谈到，文化的落点在“化”字上。在我自己的学校里，能够让人感觉到有点文化气息，那是因为我们从三个维度下了一点“化”的功夫。

第一个维度，是我们经常讲的言教。无论是经典诵读，还是阅读考级，都是通过言教在化人。

第二个维度是身教，就是以自己的身体力行去化人。老子说“圣人处无为之事，行不言之教”，说出来的、只停留在嘴巴上的，还不是文化，文化要你活出来，这是身教。校长也好，教师也好，家长也好，如何立身示范，是文化建设的一个重要方面。比如，许多学校都在打造书香文化，这当然非常好。但是，如果校长自己不读书，不坚持，没有养成天天阅读的习惯，那么教师会怎么看呢？如果教师自己不读书，宁可打牌搓麻将，宁可张家长李家短地到处八卦，那么学生会怎么看呢？学校还会有书香气吗？

我在学校里会经常主持各种会议，校长办公会议、行政会议、周务会议，会上我有一个口头禅：“最近我在读……”说这些话的时候，完全是随机的，常常不假思索、脱口而出。这些话也许是在讨论问题的时候说出来，也许是在制定某个工作计划的时候说出来，也许是在点评教师的小讲座、小报告、小观点的时候说出来。“最近我在读……”往往是说者无意，听者有心。老师们慢慢地感受到，校长是个爱读书的人，也慢慢地会要求自己去读书。时间长了，就会慢慢地形成一种读书的风气。这是身教。

我曾经跟老师们讲过一件真实的事情：浙江嘉兴有一位母亲，她的孩子刚念初中，学习被动，上课溜号，作业经常拖三拉四。母亲很着急，有一次实在忍不住，发火了，跟儿子说：“今天睡觉前，你必须把这些作业全部做完！”儿子脾气很倔犟，反将了母亲一军，说：“妈，你是做刺绣的，如果你能把《清明上河图》这幅刺绣做完，那么我就答应你。”母亲一想，既然是儿子主动提出来的，我如果做到了，他也就不能赖账了。于是，心一横，就答应了。母亲说：“接下来的三年工夫，我把这幅《清明上河图》绣出来，你把自己的课业成绩管好。”从这以后，母亲很少管儿子，一门心思地绣《清明上河图》，麻将也不去搓了，电视也很少看了，走亲访友的事儿也都减少了，大量的时间用在完成《清明上河图》这幅刺绣上。三年，这幅图绣完了，人家出 25 万来买，她说：“这幅刺绣我永远不会卖。要装裱起来，放在家里，儿子看到就会记得，做任何事情都不能半途而废。”那么，这三年她儿子的学习情况究竟如何呢？儿子的变化非常明显，学习的主动性比以前好了很多，后来考取了当地一个非常好的重点中学。有人向她请教家教心得，她就把这幅《清明上河图》拿出来，说：“其实这三年我对儿子基本上是不闻不问的，我就做了这么一件事情。”这就是身教的力量。

第三个维度是境教，就是用精心设计的环境去化人。搞德育的有一句行话，叫作“让学校的每一堵墙都开口说话”，其实讲的就是境教，也有人把这叫作隐性课程。我到拱宸桥小学十多年了，一直非常重视境教。我说，泛泛的校园环境建设并不难，要把校园环境建设得有个性就比较难，不但有个性更有文化品位那就是难上加难。

所以，我们对校园环境建设的定位是三句话：第一句话是有中国气派，第二句话是有江南情调，第三句话是有杭州品质。在建筑和装修的风格上，我们定了这样八个字：精致、典雅、秀美、蕴藉。

我们的整个校园空间是围绕运河文化来布展的，什么“湖墅八景”呀、“大河诗意”呀，什么“运河上的桥”呀、“运河上的船”呀，什么“运河老照片”呀、“运河十八名城”呀，等等。曾经有专家看了说，你们把整条大运河搬进校园来了。

我们有校史馆，是在中国传统哲学太极思维的影响下设计出来的。馆分两个，一个古典馆，象征太极中的阴鱼；一个现代馆，象征太极中的阳鱼。两个馆之间用拱宸桥模型来分界，象征阴鱼和阳鱼的交际线。特别值得一提的是，古典馆中间我们设置了一个很有现代风格的玻璃窗，象征阴鱼中的阳眼；在现代馆中，我们设置了一个很古朴的石头井，象征阳鱼中的阴眼。百年校史的内容我们把它们设计成了十篇课文，有课题，有正文，有插图，有注释，有思考和练习等。

我们有儿童国学馆，整个馆的格局就是一条龙。龙首是牌匾、石雕和小泮池，寓意"止于至善明德始"；龙心是孔子行教图和香案，寓意"至圣无域泽万世"；龙腹是讲经堂，用围棋模型布局，寓意"腹有诗书气自华"；龙身是藏经阁，有台阶可以上下通行，寓意"书山有路勤为径"；龙尾是个圆形的电子书吧，中间一根圆柱直抵天花板，寓意"好风送我上青云"。馆中的镇馆之宝，是一套文津阁版的四库全书。

我们有运河研究院，整个研究院的设计灵感来自一千六百多年前兰亭雅集时候的"曲水流觞"。我们采用了当代最先进的信息技术，包括虚拟成像技术、拉力传感技术、无线泛在技术、二维码物联技术、双屏融合技术、拼接墙技术、电子沙盘技术、智能控制技术等。这些技术以一种全新的呈现和传播方式展示了运河文化的丰富内涵、独特魅力。技术是最先进的，而物态风格却是最古典的。所以，你一进入运河研究院，就能感受到一种强烈的审美张力。

学生置身在这样的环境中，耳濡目染，不学以能；潜移默化，自然似之。六年的环境陶冶，逐渐改变的是学生的精神面貌和文化气质，这就是境教的力量。

所以文化是一个慢活，它是慢慢地浸润，慢慢地发酵，最后慢慢地发挥效能。我觉得现在的问题是，把文化当作快餐来做，即所谓的快餐文化。比如一个学校在三年、五年时间里要把学校文化做出来。我觉得急功近利出不了文化，或者说急功近利本身有可能成为这所学校的文化，那是很可怕的事情。

陶继新：如果说文化透射一个人的精神，那么文化建设则是一个学校的灵魂。从学校文化建设来说，您这个视角是非常好的。当然我们还可以从其他视角来说，比如物质层面、制度层面、精神层面。

首先说物质层面，我到过您的学校几次，从物质文化建设而言，它是最外显的，您学校里的一草一木、一个雕塑、一幅壁画，都彰显着一种文化。好多学校高楼大厦建设起来，花的钱再多，也不一定有文化。而你们学校在外显这个物质层面，都透射着一种文化气息。老师也好，学生也好，包括家长也好，身在其中，一时可能感觉并不明显，但时间一长呢，便会不知不觉被这种文化浸染了。我一直有一个观点，学校应该是一个文化的圣地。文化的圣地，它从外显层面，必须有文化味。当然从精神层面那就更不用说了。我看您这个学校，就是物质建设这个层面啊，其无处不在的文化的彰显在全国都很少见。

第二个，制度层面。有人说，校长是在制度管不了的地方发挥作用。尽管说得不完全对，但也有它的道理。为什么呢？因为有制度和有制度文化不在同一个层面上。您看，很多学校，有制度吗？有。形成文本了，做成册子了，贴到墙上了，但是形同虚设。制度要成为文化，必须内化到老师身上，来自学生的心灵，它就会不言而信，不动而成了。世界现在进入一个秩序的时代，就需要规则，需要制度。这个规则和制度，就人本身来说，如果已成为习惯，成为身体行动的自动启动键，遵循起来就不会感到难受，同时还可以让所有人享受到秩序井然的安适。这是自然而然、水到渠成、道法自然的过程，是制度文化性的过程。制度文化在您的学校起了作用，这与您的文化自觉、教育理念关联紧密。

第三个，就是精神层面。王老师您站在校门口，迎接学生，送走学生，即使不说话，但是这个行为本身就是一道风景，就是一种行为教育。您读书，您看人看事，您做人做事，这体现在学校管理上也是文化行为。因此您学校的校训、校风、教风、学风、校长寄语、教师誓言等，它就不是虚无缥缈的了。为什么不是虚无缥缈的呢？因为这些精神文化已是“随风潜入夜，润物细无声”地走进了老师乃至学生的心里了。所以您说拱宸桥小学的孩子出来之后，大家都能一眼看出来。王老师您即使是不当校长了，离开了那个地方，但您的文化、您的精神仍然会在这个学校流传着，这是文化的最佳状态。

2009年初，杭州市拱墅区教育局首次面向全区中小学、幼儿园公开评比学校文化品牌建设示范校，作为校长，您带着拱宸桥小学的“新成功教育”参加评审，在40多所学校中脱颖而出，一举夺冠。人们认为，这是出人意料又是情理之中的。拱宸桥小学的文化品格，并非因为这次评比才崭露头角的，而是长期积淀深厚文化的一种必然结果。您对儒释道三家文化都有研究，即使如《周易》这种形而上的著作，也可以得其要道。同时，您又是一个对现代文化情有独钟者。这种中外兼容的文化视野使您成为一个地道的文化学者，而不只是一般意义上的校长与教师。而学校文化建设的第一责任人与首席官，就应当是校长。有着如此文化品位的校长，当然会对学校文化建设有着独到的见地与特别的行动。所以，很多时候，不是为了评比，也不是为了外在的作秀，而是一种心灵的需求，一种自觉的文化担当。况且，在您的引领下，全校教师也因文化的力量而发生了巨大的变化。因为文化的核心就是以文化人，当经典文化一次次地濡染着教师心灵的时候，他们就有了特殊的文化品格。与此同时，他们也因文化的不断升值而优化了自己的生命，有了不同于一般教书匠的文化意识和关怀。所以，学校文化建设有物质形态的，有制度层面的，更有精神意蕴上的。有有形的，更有无形的。这些几乎看不见摸不着的文化，更是学校发展的魂兮所系，是师生生命成长的根本。文化品牌建设的一举夺魁，在知情者看来当是水到渠成的结果。

文化的巨大生命能量就在这里。作为我自己来说，也是如此。文化对我生命的影响，我是能充分感受到的。比如写作吧，跟您这个对话书稿是当面谈呢，还说用QQ对话完成呢？最后确定了用面谈的这种方式。您一定看到了我跟很多校长，包括专家、老师的对话，大多是用QQ对话的方式进行的。如果一万字呢，快的时候，一般来说，一天时间就完成了。好多人觉得不可思议。我说这个事想说明什么呢？就是文化一旦在你心里扎根，你写文章的时候啊，不仅不是一种负担，反而水到渠成，是一种艺术享受了。同时我也想到，再往前推上十年，特别是推上二十年，给我二百个小时，恐怕也完成不了一本书。所以说文以化人，写作不仅是一种文字载体，更是文字所承载的一些思想，所承载的一种智慧，这就是文化层面了。

王崧舟：您说得太好了！文化的最高层面就是精神文化，这点我特别有同感。我觉得文化的核心、灵魂，是精神层面的东西。而精神层面的东西还有一个核心，一个灵魂，就是价值观。我读过一本书，叫《价值转乾坤》，其中的核心观点就是：决定人生成败的最重要的因素就是价值观。很多人一生倒霉，分析起来看，并非他们缺乏智慧、能力或者勇往直前的意志力，而是他们缺少有策略的价值系统，或者价值系统模糊不清、颠倒扭曲。

价值观听起来很空洞，其实完全不是这样的。价值观在我们的生活和工作中无处不在、无时不有，只是我们常常不能自觉自悟而已。在学校，你看重什么、在乎什么，这就是价值观。看一所学校的价值观，首先看这所学校的校长看重什么、在乎什么。

有一次，我去参观考察一所名校。对这所名校，我有非常高的期待。这是一所历史非常悠久的名校，培养了一批非常优秀的教师，在社会上声誉非常好。说实话，我们是带着崇敬、朝圣的心情去这所名校的。到了这所学校以后，我看到了一个细节，这所名校的形象一下子在我心中轰然倒塌。一个什么细节呢？当时的情况是这样的：校长、教导主任陪着我们直接去接待室，到接待室要经过一幢教学楼。当时学生都在上课，我发现一个班的门口站着一个孩子，这个孩子看到我们经过，有点紧张，低着头把脸背向了我们。根据经验，我判断这个孩子是被老师拉出来罚站的。说老实话，学校里出现这种情景，我并不感到突然。因为在我自己的学校，偶尔也会看到这种现象。但是让我惊讶的是校长、教导主任看到这种情形竟然没有任何反应，校长显然看见了，没有说话；教导主任也一定看见了，也是没有任何态度。他们一阵风似的陪着我们直奔接待室，一边走还一边滔滔不绝地介绍着学校的辉煌传统。我心里咯噔一下：这位校长在乎什么？他显然在乎我们这些客人。是陪客人重要还是教育孩子重要？这个现象的背后，就是一种价值观的折射。也许这位校长有他的苦衷和隐情，也许这位校长觉得缓一缓再处理体罚这件事更合适，当然还有很多个也许吧。但我就是觉着不舒服，可能是我过于苛刻了。从此，这所名校的地位在我心中一落千丈。

我要求自己绝不这样对待学生。有一年六一节前夕，有个孩子来校长室找我，他说："校长，六一节是我们的节日，您也知道一年 365 天，我们就这么一个节日，您看这一天能不能搞个'大赦'呀？"我就问他你要什么"大赦"，他说："我们平常喜欢的一些玩具呀、漫画书呀，在课堂上都被老师收走了。我知道这些东西老师收去了都是藏着的，没什么用。那六一节这一天，能不能把它们全还给我们啊？"我一听，是这么个"大赦"，就当即答复说："好，这个可以有。但有两个条件：第一，口说无凭，你得写一份东西给我，把'大赦'的理由写清楚，如果有赞成你的同学，请他们在后面签名、附议；第二，'大赦'也是有底线的，不管怎么说，带玩具上学、上课看漫画书总是不对的。所以，'大赦'之后要是再犯这些毛病，那就不能再赦了。"那孩子当即答应了，一脸得意地回班级写建议书去了。那年六一节，我叫政教处通知下去，凡是被老师收缴的玩具、漫画书等，统统让学生认领回去。没人认领的，也作为奖品或者礼物发给学生。

这样做的背后，就是一种价值选择。我们在乎学生的独立思考，在乎学生的合理诉求，在乎学生的游戏天性，当然，我们也在乎这件事情背后的教育意义，而这个教育意义是为了让学生变得更自律、更能对自己负责，这说到底还是对学生的在乎。

谈文化，不能不谈精神层面；谈精神文化，不能不谈价值观；谈价值观，不能不谈校长的价值取向。古人说，上行下效，又说，上梁不正下梁歪。可见，校长的价值观对学校的文化建设起着多么重要的作用。苏霍姆林斯基说过，对学校的领导首先是教育思想的领导。这是至理名言。我觉得这句话可以抓住三个要点来解读：第一，"教育思想"的核心是什么？是价值观。第二，为什么是“首先”？首先就是第一位，排第一位的是价值观，排第二位的才是策略、路径和方法。策略、路径和方法是为践行价值观服务的，如果价值观出问题了，那么，策略、路径和方法就会跟着出问题。第三，怎么“领导”？把价值观的确立、认同、转化排在工作的第一位。我们说以文化之，“文”的核心和灵魂就是“价值观”；“化”的重点和关键也是“价值观”。

三年前，我校五年级四班有个学生叫沈琦。这个孩子由于小时候用药不慎，聋了。孩子的父母是路边摆摊的，生活拮据，除了挣点钱给他装了个耳蜗，其他就基本不管了。

五年级的时候，金蓓蕾老师开始担任这个班的班主任。她很快就发现了这个孩子的特殊情况：第一，成绩全班倒数第一；第二，玩悠悠球全班第一；第三，爱耍酷，没人理他；第四，爱劳动，没处使劲儿；第五，心地特别善良，却总给人坏坏的感觉。

金老师看在眼里，疼在心里。但是，接班一个多月，没看她对这个孩子的教育有什么动静。说没有动静其实也不对，因为她悄悄地做了一件事——拍照。给谁拍照？当然是给沈琦。拍什么？拍这个孩子在学校的表现。怎么拍？偷拍。一个多月下来，她偷拍了沈琦一百多张照片。

之后，金老师在自己的班里上了一堂特殊的作文课，题目就叫《我们家沈琦》。当那些偷拍的照片一一呈现在全班同学以及部分家长的眼前时，孩子们震撼了，家长们震撼了，连沈琦自己也被深深地震撼了！金老师当着全班同学和家长的面，朗读了自己写沈琦的作文。课堂安静极了，不知什么时候，有低低的哭声传来，大家循声看去，低头哭泣的正是沈琦本人。

那堂作文课，每个孩子都写了沈琦，连沈琦也写了沈琦。接着，这些写沈琦的作文被金老师印刷成册，在全班发行。

有一天，沈琦拿了装订成册的作文集《我们家沈琦》来校长室找我。我当着沈琦的面一页一页地看完这些作文，非常感动，我告诉沈琦，这是校长看过的最好的作文集。我说，校长送你四个字吧。我就在作文集的扉页上写了“止于至善”。

很快，沈琦就成了我们学校的明星。他开始能安静地看书了，开始主动向老师提问了，开始有自己的朋友了，不是一个，而是一帮。当然，他玩悠悠球照样还是全班第一。

一晃三个年头过去了。今年，这班孩子都上了高一。教师节那天，沈琦第一次和几个同学上金老师家里看望金老师。原来调皮捣蛋的沈琦，显得特别沉稳，像个小大人。

他跟金老师聊天，口齿依然不清楚，平静的语调中却带了一点沧桑。他说，读初中的时候，语文老师特别狠，他经常被罚抄，有时候要抄到第二天凌晨，班里只有他每次都认真完成，有时候他还帮着别人抄。

现在，他上了一所职业学校。他说，同学们上课不认真，玩手机，搞偷拍，吸烟，喝酒，他不愿意这样做。所以他每晚都回家住，早上五点半起床，洗刷、吃饭，坐六点的第一班公交车去学校，路上得花两个小时。他说，学校不大管学生迟到早退的事儿，但是自己从不迟到。

最让沈琦难受的，是那里的老师。他们都是一些大学生，上完课就走。遇到不懂的问题想请教，都没人理他。他说，他很想换一所学校。他说，他一定要努力学习，掌握一项本领，自己养活自己。

当金老师把沈琦的这些情况告诉我的时候，我心里特别难受，同时又特别欣慰。沈琦的事，让我想起了台湾作家张晓风的文章——《我交给你们一个孩子》，文章中有一个沉重而意味深长的发问："今天清晨，我交给你一个欢欣诚实又颖悟的小男孩，多年以后，你将还我一个怎样的青年？"

我觉得，沈琦是不幸的，毕竟他是一个聋儿。但我又觉得，沈琦是幸运的，因为他在小学阶段遇到一个非常善良的老师，非常有爱心的老师，当然也是非常智慧的老师。他后来能在职业学校坚持那样做，这个精神底子是金老师帮着打下的。

我总觉得，教育在本质上是要普及爱和善良，让我们的孩子变得更好，并因此让未来的社会变得更好。这是我的价值观，也正在被越来越多的老师所认同、所践行。

陶继新：一个学校的价值观，是思想层面的，也是文化的根，这是最宝贵的东西。我有时候也在想一个问题，像老子、孔子、苏格拉底，生前无权无势，但是两千多年之后，他们的思想仍然在世界上流传，再往后的几千年，也依然会光辉不减。一个校长，他的思想、他的影响力不仅显现在当下，还影响到未来。您刚才说的那个名校里的校长和教导主任，尽管表现出的是一些小细节，却不可忽视。他们的态度表明，他们没有把学生放在本位，不仅如此，甚至没有作为教师对于学生的最基本的关爱。如果一个老师无法从心底里爱孩子，那么他们又如何走近孩子，如何教育孩子。但是您呢，学生请您“大赦”，您感觉这样做是很有价值、很有意义的，这才是把学生当作学生，视为朋友。我认为，学生、老师、校长，从人格层面看，都是平等的。我们可以控制自己的言语与表情，但是我们不能控制我们的潜意识，当我们的表达有任何的虚假掺入其中时，这种潜意识的认识一定会在不被我们察觉时表露出来，传达出去。所以，对于孩子们的尊重是基于我们那颗最为简单的本善之心，仁者爱人。中国自古有这么一句话“士可杀，不可辱”，那个学生处于一种被侮辱的状态，如果走过他时，轻轻地摸着孩子的头跟孩子说上几句话，了解一下情况，鼓励一下孩子，这个孩子的生命可能就将不同了。

别说是校长，就是我们任何的一个人，价值取向都很重要。我经常说，我陶继新有一笔最宝贵的资产就是诚信。孔子说：“人而无信，不知其可也。”（《论语·为政》）他的弟子子贡问他：“您怎么为政啊？”就是如果您是一国国君，您怎么管理您的国家啊？他回答：“足食，足兵，民信之矣。”就是你得有饭吃吧，军备要好吧，老百姓那里要有信用吧。子贡接着追问下去：“三个里必须去掉一个，您先去哪个呀？”“去兵。”“还得去一个呢？”“去食。自古皆有死，民无信不立。”没有信无法存在。所以这个价值观我一直守持着，同时也一直在践行，因为这是让我每日得以安然入睡的良药，这是让我的生命问心无愧的基本。

价值观就是在面对选择时，自我所遵循的标准。我的这个首位的价值观也曾经让人不能理解。2006年，文化部下面一个大型文化机构组织了一次活动，要上台湾，有十来天的讲学及旅游，全国共六个人，我是其中一个。我说："太好了！时间是什么时候？"这个机构的负责人说："时间确定在8月的上旬和中旬之间。"我说："行，这个时间我没有活动。"结果后来这个活动突然提前了，提前到7月20号到8月1号。确认日程表后我说："很抱歉，估计我没有办法参加这次的活动了。"负责人说："怎么啦？"我说："这个时间，我之前已经预约了三个讲课。"她说："在哪讲课呀？"我说："两所小学，一所中学。""哎呀，您跟学校推掉不就行了吗？"我说："不行的。"她说："您到台湾去几次了？"我说："一次都没去过。""能推不？""能推。但我推了三个学校的课去了台湾，他们会看不起我，我更看不起我自己，因为我不守信用了，所以我不能这样做。"她说："您真执着！您真不去啊？我要到济南去，我得说服您。"结果她真的来了，在济南待了三天也没说动我。她很感慨，也表示不可思议。我说："我现在不去台湾，但我以后一定能去。即便我不能去，我一点也不遗憾，因为我既然已经答应了别人，我就要守信。"其实推辞讲课也不是说不行，但是我一旦答应了，就不再改变了！有没有改变的？有，然而一定是特殊情况，是我自己所无法左右的。比如说2010年10月15日我到曲阜，准备第二天上午去实验中学讲学。可第二天早晨6点突然接到电话，说我父亲凌晨去世了。面对这样不可预知的变故，我只能择其重，课可以再约，因为老父亲在等我。

我认为一个人如果解决不了价值判断、价值核心问题，你读这个书，读那个书，一点意义也没有。比如宽容啊，实际上很多人不宽容，看了那么多大师的作品，也还做不到宽容，那你算什么有文化呀？比如淡泊名利啊，名与利是自然而然来的，你可以拿下，但绝不强求为之，更不能不择手段去获取。

很有意思，我有一个熟人，前几年春节啊，我一到他家，他就从抽屉里掏出用红布包着的三个证书给我看，他说："陶老师，你有些什么证书吗？

教育部给我三个证书。”我说：“哎呀，我没有，我这十几年啊，评先评优都不参加。”他说：“你怎么都不参加呀？”我说：“挺麻烦的，他给你一张表填：姓名陶继新，性别男，民族汉……还有十二个评委，我还要复印十二份。就得个证书，几百块的奖金。你算一算，我用这个时间看书去，你说哪个是利哪个是弊呀？”我这个朋友说：“哎呀，陶老师，你可不懂了，这个证书的价值太高了！”第二年去，第三年去，第四年去，他还拿出来给我看。第五年我去了，他没拿，我说：“你那个证书呢？”他说：“唉，别提啦！”我说：“怎么不提啦？”“一点都不中用，废纸！”我说：“这怎么回事呀？”（那时他刚退休）他说：“陶老师，怪了，你一个证书都没有，全国各地请你去讲课，《中国教育报》等报刊还为你开了专栏。可我写了两篇文章，给谁谁也不给我发。别说全国了，别说省了，济南市连一个找我讲课的都没有，我天天在家闲着，气得我要命！”这就是价值观的问题。

王崧舟：我感觉有文化和没文化的区别，就是变化。是变得跟别人一样呢，还是不一样？是变得更好了，还是变得更坏了？所以文以化人是什么？就是你不断地变，变得越来越好。这也是我们把阅读称为修行的原因了。

抒写文字

打开自己

陶继新：谈语文，不可能不涉及写作，因为写作水平的高下，当是语文能力大小的一个重要标志。您在这方面很有研究，很希望您就这个问题谈谈自己的看法。

王崧舟：过去，我们对作文的思考常常停留在怎么写的层面，也就是作文技法层。这当然是需要的，但也往往是低效的。作文的本质，是精神层面的东西。我们为什么要作文？也许，一千个写作者会有一千种回答。我个人觉得，作文，从根本上说是为了个体生命的成长！

周国平在谈到写作时这样说过："对于我来说，人类历史上任何一部不朽之作都只是在某些时辰进入我的生命，唯有我自己的易朽的作品才与我终生相伴。我不企求身后的不朽。在我有生之年，我的文字陪伴着我，唤回我的记忆，沟通我的岁月，这就够了，这就是我唯一可以把握的永恒。"

作文就是将易逝的生命兑换成耐久的文字。在我看来，作文既是一种学习方式，也是一种生存状态，更是一种生命成长。所以，作文绝对不只是"写"的事，更是"思考"的事、"体验"的事、"探索"的事、"发现"的事、"成长"的事！

为了生命，我们没有理由不写作，这应该是像呼吸一样自然的事情。从某种意义上讲，是你的文字、你的写作重塑了你的精神、你的灵魂。如果不能体认到这一点，作文就成了无源的水、无本的木。

陶继新：休说文化人，就是一字不识的老农，说起话来照样可以通畅顺达、有条有理，甚至有的还比较形象。如果用录音机整理下来，再适当润色一下，也许就是一篇又一篇颇具乡土气息的好文章。这说明什么？就是您说的“像呼吸一样自然”。

其实，每一个人都是一本书，即使这个人看上去很普通。如果试着去了解他的生活、他的想法、他的世界，都会让我们读到一篇跌宕起伏的生命故事。从这样的故事里，我们甚至可以时不时地发现自己。因为从生命过程来说，没有一个人是平淡无奇的，没有·个人是没有价值的，我们带着各自不同但彼此交错的生命课题在活着。但是，并不是所有的人都能够把这些表达出来、写出来，一方面可能是因为不具备写作的能力，还有很重要的一方面原因，就是您所说的：“作文绝对不只是‘写’的事，更是‘思考’的事、‘体验’的事、‘探索’的事、‘发现’的事、‘成长’的事！”

王崧舟：很多人怕写作，觉得写作好难、好神秘。其实写作并不神秘，写作不过是用自己的文字重新发现自己。生命本是一场虚无的梦，没有什么意义，意义都是人自己赋予的。写作，就是一种赋予。一方面，写作给了生命以一种诗意的表达；另一方面，写作本身又成全了生命的一种诗意。这都是一种意义的赋予，这种赋予是自由的，也是无限的。因此，写作让我们的生命走向了自由和无限。

我觉得，生命在本质上或许就是一种写作。正是写作确证了人之为人的存在。我们在写作中保持着对生命的敞亮和敏感，以文字的触角抵达生命的最深处，倾听自己，与自己毫无滞碍地对话。

陶继新：“与自己毫无滞碍地对话”，说得何其好啊！真正的大师之文，好多都是以这种方式抒写生命的。您前面所谈到的肯·威尔伯的《超越死亡》，就是他与自己、与他的妻子崔雅的生命对话。其中有对生命多舛的心灵挣扎，也有极度的苦恼与迷惘，更有对生命的高品质的体认。他不但是用心写出来的，而且是用生命写出来的，所以感人至深，又给人以灵性的启迪。

我们无法写出具有如此生命张力的大作来，可是，我们却可以不断地与自己的生命对话。有的时候，在某个生命的节点上，人是会有某种属于自己的那种独特感悟的，随之记下来，就会成为一份弥足珍贵的精神产品。有的时候，我也会有这种感觉，比如到外地旅游，常常会不由自主地与自己的生命对话——

2003年8月2日，我和山东教育社的侯广泰、范宗武从玉门关前往雅丹魔鬼城。到了那里之后，我们从旅游站租了一辆吉普车。不过，车尚未开动，司机便严肃地告诫我们，不带足够的水进去，人会被烤个半干的。行至比较适宜观览的地方，他将车停下，让我们下车。不过，他随即又说，一般在这里停上一二十分钟就会把你们晒个半干，渴个半死！

我们虽没将司机的话当作耳旁风，但也没有当作多么严重的警告。他的话刚一结束，我们便快速地跳到车下，往南向雅丹地貌的腹地走去。太阳好像就在我们的头上，烤着整个大地，也烤着我们整个身子。地上的沙土是炽热的，雅丹地貌的“山”土是炽热的，包围着我们的空气是炽热的，偶尔有一丝儿风袭来，也是热气腾腾。虽然没有温度表，想来得有四十多度吧。走了一会儿，便想走到高一点的背阴处稍停片刻，然而那里也没有任何的凉意。这时候才想起司机的忠告，其实并非恐吓。这不是人类可以久处之地，甚至停上两三个小时，也会葬身热浪之中，即使耐高温的动物，在这里半天时间也会被晒死。可就在这个时候，突然发现一种状如蟋蟀的黑色小动物，就在我们面前敏捷地蹦跳起来。如此“赤日炎炎似火烧”的地方，它竟然如此欢快而从容。大自然真的是不可捉摸！它对炎热的适应能力之强，真的是令人类叹为观止。也许因为看到这种动物的自然与从容，我们被烤得几乎“唇焦口燥呼不得”的时候，竟对它评论了一番，甚至由此多了一些勇气，非但没有知难而退，反而继续往里行走。我们三人几乎都想测试作为万物之灵的人对于热气的承受能力，继续向纵深处走去。也就在这个时候，太阳的热浪更加强劲地向我们攻击着，让人觉得整个嗓子都干透了，甚至身上也被烤得没了水分。这时候突然想起司机临行时说的话：“在那个鬼地方，有的时候人是走不出来的！”但也就在这个时候，曾出现的那种小动物，在这个空旷得几乎只有天、地和我们三个人的时候，它竟然成了我们的精神支撑。走至一座小“山岗”旁，用手摸一下那黄褐色的土，这就是有几十万年历史的雅丹地貌之土吗？它经历多少人世沧桑，虽然从来没有对世界做过任何评价，但它却成了历史变革的见证者。这时候，才突然感到人类的渺小，在我们只有数十年最多百十年的生命历程中，从来没有它的这种坚韧，也没有它的这份从容，甚至还没有与它相伴的蟋蟀似的小动物的从容。悲哉，人也！

以上的文字，是我当天晚上在敦煌市敦煌大厦里写下的，而且，写的还不止这些文字，还有三篇近五千字的文章。当时就有一种强烈的冲动，这是“生命留下的诗意的足迹”，不写无法睡眠。所以，写起来文思泉涌，一气呵成。后来这三篇文章发表后，还引起了比较强烈的反响。

就是那次的甘肃新疆之行，让我留下了将近两万字的作品，而且全是晚上写成的。由于有了生命经历，有了心灵对话，写得都特别快。设想，如果我没有去过这些地方，或者去了没有这种感受，能写出这些作品吗？显然是不可能的。从这个意义上说，老师教学生写作文，也不能让他们闭门造车，不能让他们瞎编乱造。所有没有经历、没有心灵律动写成的文字，都是没有能量的，甚至是有害的。

王崧舟：真正从心灵深处流出来的文字，都是充满诗意的，因为这些文字就是每个人黄金般的灿烂生命在心灵天空的自由舞蹈。

有一次，《福建教育》编辑部约请我写一篇纪念性的文章。照以前的经验，写这类应景性文章往往吃力不讨好，但我当时一接电话就答应下来了，因为在我近十年的生命历程中，《福建教育》总是不断让我有一种在一片宽阔无垠的旷野上孤独闪烁的写作体验。

我工作室的陈列柜中，收藏了12份《福建教育》，最早的是2004年的第600期，最晚的是2012年的第785期。我收藏它们，是因为这几期刊物中登了我写的文章。

记得2004年早春二月，经沈大安先生举荐，编辑部林炳泰先生约请我撰写一篇关于“感悟”的稿子，我答应试试，于是就有了我与《福建教育》的第一段文缘。2004年的4月刊，有一篇长达七千多字的《“感悟”纵横谈》，是我写的。刊中附有一段编后，这样写道：

> 本期“《课程标准》研究”专栏刊出一组研究“感悟”的好文章：《“感悟”纵横谈》和《感悟“感悟”》，其中《“感悟”纵横谈》对“感悟”作学融中西的层层剖析，尤其令人击节。

之前我在各级各类刊物上发表文章百余篇，从来没有见过“编后”。炳泰先生奖掖后进的拳拳之心，让我倍感振奋又诚惶诚恐。

2006年，编辑部胡本光先生约请我加入“与名师零距离”网络聊天栏目，于是就有了我通过QQ群的方式同时与三百多位一线语文老师夜谈“文本细读”的网上对话。依稀犹记那个夜晚，网友们如春潮般地跟帖、献花，我却眼笨手拙、反应迟钝，一时竟然愣在电脑屏幕前，哀喜交并、不知所措。那年的2月刊，登载了经过整理浓缩的网络聊天内容，题目是《文本细读：徜徉在言语之途》。这篇文章阐释了我将“文本细读”这一概念由文学批评语境转化为课程教学语境的一些看法和做法。之后，文本细读逐渐成为中国小学语文界的热门话题，迄今流行不衰。

2008年的“5·12”那个日子，早已成为全体中国人悲壮而又温暖的历史记忆。5月11日，汶川大地震的前一天，我还在成都讲课，午间和我一起用餐的有几位来自都江堰的老师。那天下午，因为航班延误，我差点滞留成都。就在我离开双流机场15个小时之后，那儿竟然山崩地裂、死亡枕藉。事后我从朋友处得知，其中一位曾经与我用餐的都江堰老师不幸在地震中遇难。正在我唏嘘不已的时候，编辑部的黄旭升女士打来电话，告诉我《福建教育》打算在6月刊上登载一组纪念汶川大地震的文章，问我能否从教师的角度写一篇卷首语。那两天，我正感冒，高烧未退、浑身乏力。我问清了交稿期限，二话没说，熬了一个通宵，写就了1200字的《因为我是老师》。那个病困交加的夜晚，我告诉自己，我能做的，就是用文字向“谭千秋、张米亚、苟晓超、吴忠洪、杜正香”这些教师英雄深深致敬。那篇卷首语的撰写，对我来说是一次充满悲悯的精神洗礼。说来奇怪，熬过一个通宵的我，高烧竟然退了。

让我感佩的是《福建教育》对教师精神生活的敏锐觉察。多年的教师教育实践，让我愈来愈深切地感悟到，教师发展绝非只是一个专业领域的问题。没有教师完整的生命成长，就不可能有教师的专业发展。于是，当旭升就幸福、情绪管理等话题向我约稿时，我都爽快答应了。《幸福在哪里》是我禅坐静观时的瞬间感悟，发在《福建教育》2009年的9月刊上。“编后”是这样写的：

> 王崧舟老师以极富哲理的笔触告诉我们，对职业幸福感的认同来自“无念”之直观。这也正是我们要通过王老师的作品传达给大家的意念：无欲无求，享受当下的生活状态，幸福无处不在。

这真是点睛之笔，心有灵犀的一体感让我这个作者无比幸福。

《你是你自己的明灯》是我近年来大量阅读和参悟克里希那穆提后的一点心得，发在《福建教育》2010年的9月刊上。策划人在前言中有这样一段评价：

> 本期关注，我们以不同的形式呈现了情绪管理的三重境界：自发、自觉、超脱。包丽星等三位老师的案例是他们自发管理情绪的表现；谢维兴老师引导大家在实践中认识心理发展的规律，通过对心理发展规律的把握来认识和改变自己的行为，可谓自觉的情绪管理；而王崧舟老师的超脱让我们高山仰止！

我自然到不了策划人所言的这重境界。但我所景仰的克里希那穆提，终生关注的正是人的终极解放和自由。通过我参悟的文字，策划人竟能从中解读出超脱的境界，可以说是深得克氏三昧，我除了感佩还是感佩。

最令我难忘的，要数2010年由《福建教育》一手策划的“智慧·互动·成长”第三届全国青年教师风采展示活动。那一次，旭升同志甜言蜜语、连哄带骗，将我和一干弟子拉进了她蓄谋已久的“温柔陷阱”。我是一直到了活动现场，才真真切切地感受到“智慧”的意蕴、“互动”的理念、“成长”的内涵。之前，我一直以为那主题不过是个炫人眼目的幌子。

现场互动研讨《刷子李》一课，由我的弟子彭才华执教。相隔一天，现场二次教学《刷子李》，执教者不变，还是才华。说是相隔一天，其实只有一个晚上的工夫。才华得将第一次现场执教之后各位专家的评课意见和建议统统予以消化和吸收，并迅速转化为第二天的教学实践。而所有参会老师翘首以待的是二次教学的指水为油、点石成金。才华和我的压力，可想而知。没见过这么折腾人的。

那次活动中，我所作的主旨报告、我六位弟子所上的七节观摩课、施茂枝先生的评课以及我对七节观摩课的总评，全部登载于《福建教育》2011年1、2月的合刊上。

我收藏的这12份《福建教育》，每每想起，总有些细节让人倍感温暖。至少，我的一部分生命或者生命的某一部分，已经显现为它们的模样，在它们的世界里安静地活着。

这也就是您所讲的“生命留下的诗意的足迹”，要说写作的终极意义在哪里，我想就在这里。

因此，我固执地认为写作是对生命隐退的一种抗拒。张若虚在《春江花月夜》中对江月的存在之问一直撞击着我的心灵：“江畔何人初见月，江月何年初照人？人生代代无穷已，江月年年望相似。”其实，写作就是你生命中的那轮“江月”，她照亮了自己生命中最黑暗的深渊。2012 年全世界都过得特别纠结，因为这一年的 12 月 21 日，是玛雅人预言的世界末日。世界各地还因此出现了不少邪教，借机蛊惑人心，煽动末世情结。为此，我写下了这样一篇文字，来安顿自己面对死亡的心灵。

2012 年 12 月 21 日，冬至。

据说，玛雅历法在这一天终止，第三次元的时间观念就此终结。

于是，世界将会如何的预言、猜想、推测纷纭杂沓。灾变？毁灭？依旧？抑或重生？不到最后一刻，谁也下不了结论。

《预知生命大蜕变》中如是说道：“所有生活在地球上的人，都将经历这场转变，你们会经历多少恐惧，取决于你们被帷幕蒙蔽的程度，帷幕只有在你愿意从恐惧移向爱，开始了解那广大的局面时，才会减弱下来。”

重大转变的发生似乎已经注定。但帷幕所指何物，迄今尚无人真正知晓。

恐慌、恐惧、恐怖，因此如狼烟四起，弥散整个世界。

这一切，说到底，还是对生命断裂的害怕。

那么，面对死亡，世界上哪个人可以拿到豁免权呢？或许，不愿想象生命断裂的那一幕，才是人类灾难和恐惧的源头。

真相只有一个，但真相对于生命启示的意义却有无限个。

2012年12月21日，冬至。

这个不到最后一刻不会拉开帷幕、呈现真相的时间节点，在我，却是重新审视自己生命的最佳时机。静心想一想：

如果我的生命只剩几天了，那么，现在的我会有哪些感觉？哪个感觉会是最主要的呢？

如果你我都即将面对这样一次生死变易，并且没有人会是赢家，那么，我们又该如何相待呢？

每个人都必须面对死亡这个事实，那么，人生的意义在哪里？生活的目的又是什么呢？

其实，泛泛地回答这些问题毫无意义。只有将其真正嵌入到生命的最底层，用最真诚的心灵直面它们，问题的意义才会被彻底照亮。

冬至为限，这个世界注定要为人类开出一堂足以醍醐灌顶的生命教育课。执教者乃是天地，无论你听与不听，都将是其中的学生。

据我所知，约瑟夫·艾迪生早已是这堂课的学生了，这有他认真完成的课堂作业为证："当我面对伟大人物的墓地，妒忌之心荡然无存；当我阅读历代佳丽的碑文，贪婪的欲望顿然消失；当我在墓碑旁遇见泣不成声的父母，禁不住悲从中来；当我看到父母的坟墓，忍不住想到那些自己将追随的人的悲伤的空虚；当我看到王者与其废黜者的墓碑并肩而立，生前为不同观点唇枪舌战的文人墨客的遗体相邻而居，不禁感到那些内讧、派系斗争、人间是非的渺小。再查看墓碑上的日期，发现有些就在昨日，有些却可追溯到600年前，于是又忍不住想到最后审判日那天，我们都将同时接受上帝的审判。"

是的，只有直面生命的无常和断裂，我们的人生才会显示出意义来。

这是另一堂生命教育课：一位哲学教授站在学生面前，讲台上放着一些所谓的“教具”。课开始了，只见他一言不发，拿起一个大而空的瓶子，一块一块往里面塞石头。他问，瓶子满了吗？学生答，满了。

教授又拿起一盒鹅卵石，把它们倒进瓶子里。他轻轻摇动瓶子，鹅卵石就一颗一颗滚进石块间的空隙。他又问，瓶子满了吗？学生答，确实满了。

教授并没有就此罢手，他又拿起一盒沙子，把它们灌进瓶子里。毫无疑问，沙子填满了所有的缝隙。他又一次问，瓶子满了吗？学生异口同声回答，真真确确是满了。

谁也没有想到，教授又从讲台下面拿出一杯啤酒，把它们倒进瓶子里。学生大笑。

“现在，”教授郑重地说道，“我要你们知道，这个瓶子就是你的生命。这些石块是你生命中最重要的，如果其他所有的东西都失去了，仅仅剩下这些，你的生命仍将是丰满的。鹅卵石呢，是你生命中富有意义的；沙子则是那些微不足道的东西。”

“如果，你先将沙子装进瓶子，”他接着说，“那就没有石块、鹅卵石的容身之所了。你的生命也是同样。如果你把所有的时间和精力都放在那些小事情上，你将永远没有时间给那些对你来说很重要的事情。我之所以先放石块，正是希望你们能将生命中最重要的东西摆在第一位。”

一位学生举手问道：“那么，啤酒又代表着什么呢？”教授莞尔一笑：“我很高兴你问了。它正好向各位显示，无论你的生命看起来多么饱满，总还是有一杯啤酒的地方。”

2012年12月21日，冬至。

我仿佛听见这个人生的终极导师，正在向世界上的每一个学生发问：

你生命中的“石块”是什么？配偶、家庭、财富、事业、名利、享乐、朋友、宗教、自我，抑或正道？

你确认那就是你生命中的“石块”吗？

你将如何安顿这些“石块”呢？

陶继新：我经常应约为一些报刊写稿，不过，不管写什么，都是从自己的心里流淌出来的。这样，那些文字就有了我生命的记忆。人最深层的情绪体验就是对于死亡的恐惧，对于虚无的恐惧。但人又是在不断地与这种恐惧的相持中活出生命的意义。面对恐惧，有的人选择了接受、体验和超越，有的人却选择了漠视、压抑和自我麻木。可正是对于终将归于无的恐惧使人拥有了各种丰富的感觉和感受，恨和爱、痛苦和幸福、愤怒和平静……从而使我们可以体会到活着的真实感。感觉是灵魂的语言，是灵性的表达，任何一个珍惜生命的人，都愿意去接纳所有的感觉并将之表达出来。音乐人把自己的感受表达成乐章，绘画者把自己的感受绘制成画卷，写作者把自己的感受记录于每一个文字中……从而使任何一个接触到的人都能体会到心灵的共鸣，并与之进行灵魂的对话。保持对于感觉的灵敏觉察，时刻倾听内在的声音，跟随灵魂的引领，诗意地生活。

怎样让“生活并不缺少诗意”呢？就是要心中有诗意。可有人也许会说，我的生活非常不好啊！我很痛苦啊！我真的不想让自己痛苦啊！其实所有的痛苦都是意念上的痛苦，是对自以为的痛苦的排拒而产生的痛苦。如果你真的了悟生活的本质，就会很少痛苦，甚至在一般人看来痛苦的事情，你也可以从中感受到有诗意存焉。

我在与魏书生老师对话的时候，他谈到了自己当年被批判时的感受：

我怎么想的？我就是这么想的。第一咱不想挨批判，第二已经挨上了，那不是咱想不想的事，只能挨了。可通过挨批判这个事能占点什么“便宜”呢？好像我从很小就有一个牢固的思想，

> 任何一件事情都是有一失必有一得，有一利必有一弊。走出阴影肯定是阳光，手心翻过来必然是手背。我始终愿意这么想问题：第一我希望顺畅，第二当不顺畅的时候，我就想不顺畅能给我带来什么财富，我能占什么“便宜”。挨批判有什么“便宜”可占呢？至少有三项“便宜”：第一磨炼意志。你得挺住，你挺不住，上吊、跳河、吃药，人家得说畏罪自杀，死有余辜，大快人心，你全搭里头去了。人家还大快人心，你也洗不清这个。第二开阔胸怀。那会儿就不能辩论了，人家说什么都对了。所以宽宽地想开了，你说得对，我错，于是胸怀宽宽的，把人家累够呛，咱胸怀还开阔了。第三，加深点对人情冷暖、世态炎凉的感悟、品尝。人在倒霉的时候对人情冷暖品尝得格外深切，不信你倒霉试试，当然最好别倒霉。所以我始终用一种占“便宜”的心态对待人生的压力、工作、磨难、曲折和坎坷。

在天天被批判的时候，魏书生将自己的内在感受进行转化，有了属于自己的快乐“诗意”，而将这种诗意的感受行诸文字，不就有了诗意之文了吗？身处逆境，心情极其悲苦，即使不把这种感觉进行转化，也是有诗意的，只不过这种诗意是另一种味道而已。比如南唐后主李煜在家国破败之时写下的《虞美人》，就何其凄婉动人啊：“问君能有几多愁，恰似一江春水向东流。”这样的诗意，有一种悲剧美，它是将人生有价值的东西毁灭给人看的一种诗意之美。

生活中不缺少美，即使一草一木，一人一事，都可以在作者的心里产生感想。如果你有了诗的情怀，你的笔下就会出现王国维所说的“一切景语皆情语也”，也就是说，都有了诗意的存在。

当然，生活中有了诗意，并不等于就能诗意地表达出来。除了作者内在的诗情之外，还要有一定的文化功底。如果拥有深厚的底蕴，加之对生活的特殊观照，就会拥有“处处闻啼鸟”的美好心态。

心灵体验

王崧舟：和写作相对的，是“不写作”。反观不写什么，也许能让我们更加坚定写什么的信念。那么，我的生命中不写什么呢？

我不写一切陈词滥调。我觉得那些发了霉的精神毒蕈，只会玷污诗意生命的纯洁和高贵。

我不写一切无病呻吟。经常有人为赋新词强说愁，我觉得强说的东西除了证明自己的浅薄和无聊，还能证明什么呢？

我不写一切未经思考、未经体验、未经省察的生命状态。我越来越强烈地感觉到写作不是机械地文字实录，而是对生活和生命的再发现、再提炼，是一种充满灵性的精神加工和创作。

因此，我也特别喜欢、特别欣赏孩子们写的那些真文字、真性情。前两天，我们学校毕业班的一个孩子来校长室找我。她手中拿着一叠打印稿，我翻看了一遍，发现都是这个孩子这两年写下的一些游记。她希望我能为她的这本文集写一篇序，我高兴地答应了。这是我为她的文集所写的序言——

> 虽然是匆匆读完戴乐妮的《行走的童年》，但我知道，这些文字的背后是一个精灵般生命的雀跃和吟唱。
>
> 很难想象，一个十一二岁的孩子，在短短的两年时间里，足迹遍及埃及、塞舌尔、瑞士、土耳其、西班牙、柬埔寨、埃塞俄比亚等。
>
> 如诗般的远行化作一个个跃动的文字，文字让远行留下了诗意的足迹。
>
> 我喜欢这样的文字，不卖弄，不堆砌，纯净一如埃塞俄比亚羊皮画上的非洲儿童的眼神，那正是生命深处流泻而出的感动和沉思。
>
> 戴乐妮似乎总是带着那副酷酷的白框眼镜，以此来掩饰她不

太生动的面部表情，我知道，她是个内敛的孩子。但是，我一直坚信，对旅行有着如此感悟的孩子，她的内心表情一定是色彩斑斓的。

在戴乐妮的文字中，学习无处不在。文化视野、自然知识、生存策略、文明素养、独立意识、探险精神、民俗风情、世界胸怀，还有如空气般弥散在每一次游走历程中的生命的喜悦和感恩，这是学校的任何一门课程都无法给予的。戴乐妮为自己编写了一门最童年、最诗意、最昂贵的课程，然后如同泡进土耳其棉花堡的温泉一样，慢慢地走着，慢慢地浸润着，感觉自己成了蓝天下的一朵白云。

白云何时化作滋润生命的细雨，那一定不过是一个时节的问题。

一切，都已写入戴乐妮的生命护照。下一站的签证，依然是夏威夷之后的诗意守望。

戴乐妮当然是个特例，但我们的童年实在太需要这样的特例了。多么希望我们的孩子都是特例，正如戴乐妮面朝大海的时候所感慨的那样：这海多生动，它什么都不像，它就是它，真正的海！

是为序。

其实，那段时间我非常忙。同一个星期，我要完成一篇访谈、一篇卷首语、还有一篇学术专著的序言。但是，我在第一时间写下的却是这篇临时冒出来的序。正是因为孩子纯真的文字深深触动了我的灵魂，我的灵魂有话要说。于是，这篇序就不假思索地从我的手中一泻而出。如果没有触动，我想我是不会写序的。

陶继新：遗憾的是，现在一些语文教师的作文教学，不是让学生自然地写作，而是让他们端起架子来“写作”，也不是我手写我口，我手写我心。结果，学生本来可以正常说话的，可是下笔成文却不知如何办了。有的学生学了好多年甚至十几年作文，却不会写作了，而且视写作为畏途。

为什么会出现这样一种悖论呢？

作文，首先是做人。做人要真实，要自然。可是，有的语文老师在指导学生作文的时候，不是让他去写真实的事，而是去编故事。固然，艺术地创造也是可以的，但是，它是源于生活的，也是高于生活的。对于小学生来说，想达到这样的要求一般是比较困难的。为此，好多学生在写作文的时候，就要想着如何编织故事，如何造假。时间长了，只要一提起笔来，就要造假。时间再长呢，就会在心里形成一种思维定式，作文就是造假，而且这种造假老师是鼓励的。久而久之，有可能认为干其他事如果不能达到标准，也可以甚至是应当造假。有的人说，造假是从小学生写作文开始的。这说得似乎有点太过，可其实仔细想想，也绝非危言耸听。

作文，一定要求真，做真人、学真话、写真言。古人之所以说文如其人，就是要求学习写作的时候，一定要真实。所以，学写作的时候，正是在学习做人。

有的老师虽然不特别强调要学生写假人、写假事，但在求真上却并未坚持。可是，如果失去了自然与真实，也就失去了生命的本质，也就不可能不造假了。

王崧舟：我记得我女儿九岁那年，是一个周末的午后，那时我正在书房赶写稿子，她就在我书房的躺椅上随便翻书，窗外阳光明媚。

可能是累了，可能是觉得有些无聊了，也可能什么都不是。我就看到女儿突然从躺椅上直了起来，走到窗前，打开了窗，张望了一阵子，又关上了窗。我就问她怎么了，她也不回我的话，一阵摸索，又是找笔，又是找纸。我就不再理她，没过多久，女儿就神神道道地递给我一张纸，我拿过来一看，上面歪歪扭扭地写着几行字：

我打开窗
微风贴在脸上

感觉多么芬芳

你打开窗
金光跳在脸上
心情多么舒畅

他打开了窗
我们告诉他
感觉多么芬芳
心情多么舒畅
他笑笑
轻轻地关上了窗

我很惊讶女儿能写出这样的诗来。要知道，她之前从来没有学过写诗，也从来没有人要求她这样写诗。这一定是她的心灵在那一刻涌动的东西，非常自然，非常真切，没有一丝一毫的矫揉造作。读着女儿的文字，柔软而温暖的感觉在我心底升起。

其实，反观不写什么，我们就明白该写什么了。写自己的感动，写自己的困顿，写自己的震撼，写自己的遗憾，写自己稍纵即逝的灵感，写自己衣带渐宽的信念，写自己决意远航的豪迈，写自己小心翼翼的细腻，写来自灵魂深处的惊雷。我们写作，因而成为自己。

陶继新: 您的女儿写的这首诗童心荡漾，清新自然，抒诸于心，见诸于文，是一首很好的诗作。“自己”既是写作的主体，也是写作的客体。任何一部小说里都有作者的影子，展现的都是作者的心灵体验。可以说，所有的作品都是作者在写自己。这个自己是内在的、纯粹的。所以，写作其实是使我们得以进入自己内在的方式。人的外在生命的成长过程是显见的，但是人的精神生命成长的过程却是隐藏的，很多人一生中只是偶尔能瞥见这个世界的些微光芒，而重视感受者则可以进入这个世界并建造这个世界，从而使生命的丰富性和深广性得以展现。写作，正是一种感受的表达，是对于精神世界认知和建设的过程，并最终实现对于死亡的恐惧的真正超越。正如史铁生所说："人的故乡，并不止于一块特定的土地，而是一种辽阔无比的心情，不受空间和时间的限制；这心情一经唤起，就是你已经回到了故乡。"

因此，任何人，特别是有着丰富经历和体验的人，更是有的可写。在曲阜师范教学的时候，我曾写过一篇自传体小说，遗憾的是，后来文稿遗失了。我的几位同学看后都给了很高的评价。为什么呢？因为我的经历太曲折，甚至可以称得上险恶，可是，正是这些经历，成了我写作非常珍贵的素材。即使到了今天，我在写文章的时候，不经意间还会写起那段很不寻常的经历。我在想，晚几年，我一定把采访、讲课等事放下来，好好地写写我自己。我有足够的信心将自己写好，而且只有我，才能将我自己写好。这本自传文体的著作，当成为我一生最有意义的精神收藏。

王崧舟：太期待您的自传了。那不仅会是您生命历程的一次煎熬而幸福的回顾，也会是您重新审视自己、理解自己、宽恕自己、救赎自己的一次精神跋涉。我一再强调，写作具有生命性。生命是不可逆的，因而写作也是不可逆的。一切写作，都是唯一的一次。每个文字可以复现，但由每个文字连缀而成的精神史永远不可能复现。

生命是有机的、整体的，任何从生命体中拆卸的某个部分都不再具有生命体征，因而写作是有机的、整体的，写作不是拼凑、不是移植，而是一种生命的整体流淌。

冰心写过一篇散文叫《谈生命》，其中有这样一段文字：

> 生命像向东流的一江春水，它从最高处发源，冰雪是它的前身。它聚集起许多细流，合成一股有力的洪涛，向下奔注，它曲折的穿过了悬崖削壁，冲倒了层沙积土，挟卷着滚滚的沙石，快乐勇敢的流走，一路上它享受着它所遭遇的一切——有时候它遇到巉

> 岩前阻，它愤激的奔腾了起来，怒吼着，回旋着，前波后浪的起伏催逼，直到它涌过了，冲倒了这危崖，它才心平气和的一泻千里。有时候它经过了细细的平沙，斜阳芳草里，看见了夹岸红艳的桃花，它快乐而又羞怯，静静地流着，低低地吟唱着，轻轻的度过这一段浪漫的行程。有时候它遇到暴风雨，这激电，这迅雷，使它心魂惊骇，疾风吹卷起它，大雨击打着它，它暂时浑浊了，扰乱了，而雨过天晴，只加给它许多新生的力量。有时候它遇到了晚霞和新月，向它照耀，向它投影，清冷中带些幽幽的温暖：这时它只想憩息，只想睡眠，而那股前进的力量，仍催逼着它向前走……终于有一天，它远远地望见了大海，呵！它已到了行程的终结，这大海，使它屏息，使它低头。她多么辽阔，多么伟大！多么光明，又多么黑暗！大海庄严的伸出臂儿来接引它。它一声不响的流入她的怀里。它消融了，归化了，说不上快乐，也没有悲哀！也许有一天，它再从海上蓬蓬的雨点中升起，飞向西来，再形成一道江流，再冲倒两旁的石壁，再来寻夹岸的桃花。

这段文字写得太精彩了！我们从中不仅感受到冰心本人对生命的整体流转的领悟，也从中非常感性地看到了这段文字本身所具有的鲜活的生命性。我曾经反复诵读过这段文字，细细地品味过这段文字特有的生命节律和韵致，时而疏可走马，时而密不透风，时而声振林木、响遏行云，时而低回婉转、余音绕梁，时而峭拔如壁立万仞，时而和缓如平湖秋月，读起来既起伏有致、又一气呵成。更妙的是，这种文字的声气节律与文字所呈现的各种水的意象有着本质上的统一，《谈生命》的文字充满了生命的气息和神韵。

陶继新：写作，其实是生命发展的精神收藏史。昨天的你，不是今天的你，因为你发展了，或者倒退了。可是，如果不用文字将它记载下来，也许它就会永远走向沉寂。当将这些情景或思想诉诸文字的时候，则变成了永恒。它不但成为自己终生的精神回响，有的还可以流传于世，成为更多读者阅读的精神文本。

生命有限，可是，如果有了具有生命力的文字的记载，则让生命有了无限的意义。所以，我们不能放弃写作，让写作支撑起我们的精神大厦，并照亮自己的生命前程。

王崧舟：我始终觉得，写作的意义远非写作本身所能涵盖。写作可以疗伤，可以自赎，可以抵抗生命的虚无，可以规避精神的自暴自弃。写作让人沉静、让人温婉、让人理性，也让人更有人性。写作在确证自己的同时，让生命成为不朽！

陶继新：如果没有写作，我真不知道自己的生命是什么样子。因为写作已经成了我生命的一部分，甚至是生命中最为美好的一部分。

我也曾被写作困扰过。不但写得慢，而且写不好。写一篇五六千字的文章，要用七八天甚至更长的时间，而且还常常搞得筋疲力尽、心力交瘁。

写作如此之苦之慢，读书的时间自然就少之又少了，于是，就走进了一个恶性循环的怪圈之中。

其实，我知道之所以日复一日地在这个怪圈里无法突围，是因为自己的文化功力不足。

后来，我下定决心，在采访与写作的同时，为读书留下更多的时间，有的时候，数日只读不写。

可再写的时候，就发现自己写得快了一些，质量也提升了。

这让我感到惊喜的同时，将背诵经典提上了议程。

不断地从大师的书中汲取哲学思想与语言精华，让我的写作有时也会闪耀出理性的光华，并有了比较优美的文字表述。

可是，仅仅诵读还是不够的。因为读书与写作，在逻辑上构成的是必要条件关系，即有之则未必然，无之则必不然。如果没有丰饶的教育实践，即使拥有很高的理论水平与优美的语言，也难以让佳作纷涌迭出。所以，在几十年里，尤其是近十来年间，我一年至少有一百多天行走在教育一线，在课堂听课评课，现场采访局长、校长、教师、学生、家长等，并通过电脑打字记录采访内容。同时，写作之前不看他们提供的文字材料，用自己的语言和思想进行写作。唯其如此，才能写出属于自己的作品。我所写的所有文字，毫不夸张地说，全部姓“陶”，即使我的著作《品鉴教育文化盛宴——陶继新序跋屯集》中的94篇文章，也从来没用过别人所提供的文字内容。

有人说我写作水平高，其实，我是一个“困而学之”者，只不过在这方面下的功夫比一般人大得多罢了。几十年如一日地奔赴全国各地学校采访，几十年如一日地将采访的内容写成作品，每年的除夕全天及大年初一下午，我都是在办公室里享受着写作的特殊愉悦中度过的。不管外面多么喧嚣，丝毫打乱不了我写作的思路，影响不了写作的速度，也影响不了写作的质量。如果没有这几十年的笨功夫，哪有今天的陶继新？

正是几十年的笨功夫，才有了属于陶继新的语言风格，不是故弄玄虚地搬弄美词佳句，而是让与文脉相契的语言“道法自然”地流动于文本之中。即使那些被读者称道的所谓妙语警句，也毫无预设，而是灵感袭来时的自然语“化”。

这就需要长年累月的储备，不是急用现学，而是它早已在你的大脑里信步而行，抑或处于沉睡状态。可当你写作需要它的时候，它就会极其迅速地作出反应，让我惊叹其何以如此神妙！于是，我的十指便条件反射般地在键盘上飞快地敲击着，随即，一连串的文字沛然而出，让我兴奋不已地享受这人世间的美妙。

此之谓“功夫教育学”也。“功到自然成”不只是一个写作规则，而且是一个天地规则。试图在写作上走捷径者，到后来只能是“反误了卿卿性命”。而整个人生，又何尝不是如此呢？

情动辞发

王崧舟：几年前，我曾经上过一堂作文课“亲情测试”。这堂课经过中央电视台《实话实说》栏目播出后，在全国引起了极大的反响和争议。说实话，这样一个局面是我没预料到的。这堂课，已经不能简单地用成功或者失败去评论它了。因为，这堂课的丰富内涵已经超越了作文本身的课程视野。就我个人来说，最切身的体会就是，一旦学生的真情被充分激活了，写作就有了极大的动力。

在作文教学中，没有什么比学生不想写更可怕的事了。

不想写，就是言说冲动的冷却、言说兴趣的冬眠、言说欲求的屏蔽，这是作文教学的最为本原、最根性的问题。对此，著名学者潘新和先生一针见血地指出：动力的缺失才是根本性的缺失。

“亲情测试”作文课，首先是一种“言语生命动力学”烛照下的探索和历险，它试图拨开层层叠叠、纷纭繁杂的作文教学表象，直逼“我为什么而写”这一作文教学的终极之问、存在之问。

对于这一关于本体论意义的存在之问，著名作家史铁生的一番话，值得我们深思，他说：“写作肯定不是为了重现记忆中的往事，而是为了发现生命根本的处境，发现生命的种种状态，发现历史所不曾显现的奇异或者神秘的关联，从而，去看一个亘古不变的题目：我们心灵的前途，和我们生命的价值，终归是什么？”

我觉得，这种以人的本性、内在精神需要和自我实现的生命关怀为基础的言说冲动、兴趣和欲求，才是最为本原、最具根性的言语生命动力。

陶继新：学生之所以不想写作，错并不在他们。从本质上说，每一个学生都可以喜欢上写作，关键是有的老师在无意间扼杀了他们写作的兴趣，让他们将写作视为畏途了。不少语文老师本身就是很少写作，甚至不懂写作的，他们自己就不愿意写作，甚至害怕写作。在这种状态下的写作指导，不但不可能有的放矢，甚至有可能将学生引到错误的路上去。

那么，怎样让学生喜欢上写作，并具备源源不断的动力呢？首先，要让他们明白一个道理，作文就是用文字将自己要说的话记下来。只要会说话，有了一定的识字量，就会写作文。如此一来，他们就会大胆地去写，还会写得很有味道。

其次，开始的时候，老师不能要求太高。任何人干任何事情，都很难一下子就做得尽善尽美，更何况小孩子呢？所以，老师不要将眼睛盯在学生作文的败笔处，而是要寻找其闪光点，然后“夸大性”地表扬出来。特别是对于那些写得比较好的作文，可以在更大范围里展示。莫言就是因为老师将他的作文当成范文来读，才激发起了他的写作热情的。

王崧舟：您说得太好了。语文老师常说一句话：好作文是改出来的。我说，这句话只说对了一半，还得再加一句才对：好作文是夸出来的。对于我们的孩子来说，夸比改更要紧。有一年，《杭州日报》举行“真性情作文竞写”，邀请我出题目、作点评。那段时间，杭州老是下雨，都半个多月了，没见过太阳的影子。我灵机一动，就起了个竞写题目——“太阳什么时候出来”。投稿的学生蛮多的，最小的孩子才读小学一年级，最大的已经读高二了。我印象比较深的是这样两篇征文，一篇是一位二年级的孩子写的：

这几天都下雨。每当下雨的时候，我最难过的就是妈妈送我去学校。因为我还要背着重重的书包躲在妈妈的雨衣里，很不舒服。

晴天的时候，我可以坐在后面，而且书包像羽毛一样轻。这让我觉得晴天很舒服，又干又温暖。雨天很难过，又湿又冷。我想雨天是因为云姐姐哭了，晴天是因为云姐姐在笑。

所以，我好希望云姐姐笑啊……这样太阳就能露出笑脸了。

文字虽然稚嫩了些，却是一种原生态的感受和真情。我写了这样的评语：

太真了！躲在妈妈的雨衣里，喘个气儿都费劲，能舒服吗？

晴天多好，别说书包轻得像羽毛，坐在后面的你，不也成了一朵人见人爱的云宝宝吗？

太美了！“雨天是因为云姐姐哭了，晴天是因为云姐姐在笑。”我敢保证，这是天气预报的叔叔阿姨们想上一万年也想不出来的气象解说。

太善了！瞧，为了凑足“真善美”，我怎么着也得再为你找一个“善”出来。善在哪儿呢？善在“我好希望云姐姐笑啊”！谁不希望云姐姐笑呢？因为，谁都希望自己的生活充满阳光，哈！

还有一篇是高一的学生写的，写的是诗：

太阳你什么时候出来
为何藏进这不散的云霭
纵容寒雨湿冷了街面
绿茵场成了湖海

太阳啊你何时前来
何必守着一点阳光不开
留下冰冷的草叶苦候
春天在我的门前久久徘徊

太阳啊你应知我的等待
穿过试卷与题海
分分努力只为你的存在
那笔尖不辍的蝇头的行楷
想要写出这命运的修改

那云层后的久违的太阳啊
其实你一直都在
都在那遥远的飘摇的梦想
在那我心中的彼岸

我的评语是这样写的：

巧了！你的诗划成了四段。我读到的，是诗的某种节奏，也是生命起伏的一阕弦歌。“太阳你什么时候出来”，诗情从此刻涌出，这是节奏的“起”吧；“太阳啊你何时前来”，诗境被再度开掘，这是节奏的“承”吧；“分分努力只为你的存在”，我知道，你已“偷天换日”了，诗意破茧为“命运的修改”，这该是节奏的“转”吧；至于“其实你一直都在”，自然是对诗思的淬炼了，节奏至此“合”成一阕梦想飘摇的弦歌。

临了，给你挑一根“骨头”：“彼岸”窜韵了，末句换成“明媚我青涩的情怀”，如何？

我不敢说我的评语对他们是一种“夸大性”的表扬，但我的确希望通过自己的点评，让这些孩子感受到一种被理解、被认可、被赏识的幸福。

陶继新：您的点评可谓一语中的，又于自然平和中见出非同一般的功底，这样的点评，一定能激发学生的写作动力。当然，还有一条也很重要，就是要让学生多读书，读好书。好书读得多了，才能为自己积累下丰富的语言，有了属于自己的语系，写起来才能更流畅，更有文采。同时，这也会让学生更有自信，从而更爱上读书。这种良性的互动，不但会较快地提升其写作的能力，还会让他们爱上写作。

当然最重要的，就是您所说“言语生命动力学”，这当是作文教学的一个核心问题，也是非常大的问题。没有内在需要的写作，是苍白虚伪的；

没有内在需要的写作，是不能持久的；同时，没有内在需要的写作，也是不可能抒写生命灵性的。

2008年，我开始通过QQ对话的方式采访了很多教育局局长、校长及名师，正是在QQ对话的“你来我往”中，文章即兴而生成。尽管有的文字有些随意甚至粗砺，可是，却因具有原初“生态”的特性而有了活力。苏联文学理论家巴赫金曾在其对话理论中这样阐释：人类情感的表达、理性的思考乃至任何一种形式的存在都必须以语言或话语的不断沟通——对话为基础，“两个声音才是生命的最低条件”。正是如此。所以在对话过程中，面对对方一段又一段发来的文字，我必须随即回复。这有点挑战的况味，可当大脑快速运转起来后，文字忽然就自行成列，纷涌而来，回复的内容，也常常亮点闪耀，以至让自己都有些“自鸣得意”。这不是骄傲，而是惊诧于为何突然间就形成了这样的文字？我自知并非天才，甚至“学而知之者”都难以算上，而是一个“困而学之”者。如此一个非聪明的人，还可以这么快地形成文字。看来，人的潜力何其大也！其实，这绝非一种无源的灵感，更非所谓无根的体验，而是一种“我—你”关系的建构和敞开心怀的直面。一如“对话”概念之父马丁·布伯所坦言，对话是一种生命存在方式，因为“‘存在’并非‘我’自身所具有，而是发生于“我”与“你”之间”。这也许有点您所说的“言语生命动力学”之妙吧。

王崧舟：海伦·凯勒深谙人性的弱点，知道很多人非得把他逼到死角才会觉悟。她在《假如给我三天光明》中不无苦涩地说道：“有时我想，如果我们每天都那么过，就好像自己明天要死似的，那将是一个美妙的念头。这种念头将会更鲜明地突出人生的价值。我们生活时就会温文尔雅、精力充沛，就会有敏锐的欣赏能力，而这些则是当我们认为岁月绵绵、来日方长时所常常失去的。”

在“亲情测试”作文课中，我让学生先找一张最干净的稿纸，让他们端端正正的写上自己最爱的五个人，然后请他们拿起笔，逐一地划去这五个最爱的人。我通过让学生在虚拟情境中失去亲情来重新觉悟亲情。每划去一位亲人，就意味着失去一位亲人的关爱与呵护。

随着亲情强度的递增，每次失去亲情后的体验也变得愈加沉重、愈加痛苦，终至于触及学生心灵最深处的那份沉睡的生命意识和潜能。就在那一刻，我发现一股难以抗拒、难以遏制的情感力量驱使学生无所顾忌地表达出自己的真实想法和体验。他们有话要跟每一位亲人说，更有话要跟过去的那个对亲情早已习焉不察、无动于衷的自己说，这种言说的欲求像喷泉、更像汹涌的浪潮，一波一波地击打着学生的心扉。

凯尔纳说过：真正的诗歌只出于深切苦恼所炽燃着的人心。缪塞也说过：最美丽的诗歌就是最绝望的，有些不朽的篇章是纯粹的眼泪。当学生曾经沉睡的言语生命欲求，在一次次虚拟的亲情丧失中被充分唤醒之后，课堂上终于出现了"语言伴着眼泪在飞"的感人场景。

陶继新："情动而辞发"是一个不变的写作规则，情愈是真挚，愈是浓烈，"辞"则愈是喷薄欲出。您设计的"亲情测试"，为学生创设了一个"辞发"的情感动力场，所以才有了"语言伴着眼泪在飞"的感人场景。这个时候，写作就不再是一个负担与痛苦，而是变成了写作主体有如鲠在喉、不吐不快的动力。而这样的文章一经写就，不读也定会知道肯定篇篇是好文。

这给人们一个重要的启示，没有感情的介入，写作则是难乎其难，即使"挤"出一些文字，也是异常苍白的。越是写起来困难，就越是不想写作甚至害怕写作。一个人如果没有感情，则似行尸走肉，而一篇文章没有感情之水的流淌，也就干瘪无味。因为语言文字的内里，必须有生命之水的流淌。

2021 年 4 月，我在《中国教育报》上先后发表了四个版的文章《精神的光芒在这里绽放——济南市历城二中立德树人的教育风景》。在写作这篇近三万字的文章的好多天里，我常常是一边在电脑上飞快地敲打键盘，一边情不自禁地流泪。一方面是我被所写的人的动人事迹所打动，另一方面，我的感情之水也已冲破了感情的堤岸。不妨将其中所写的班主任孙元文的部分呈示出来，让您感受一下我写作之时"情动而辞发"的景况——

只有爱而不会爱，还不是好的教育，因此，教师不但要爱学生，还要有智慧，让爱产生应有的作用。

孙元文便是一位有大爱之心又善用智慧之爱化解学生心中阴霾的班主任。

在担任班主任的第二年，他所教的初二年级有一个女生的父母离异了，但是她的父母都不想抚养她。她究竟归谁来管，只能由法院判定了。女生的爷爷奶奶家在农村，无法出庭，即使出庭也难以表达清楚。所以，这个女生希望班主任孙老师陪她出庭，他慨然应允。谈起出庭的那个场景，让孙老师至今唏嘘不已。尽管法院把女生判给了妈妈，但她依然哭得痛不欲生，因为她有一种被父母遗弃的感觉，往日的父母之爱似乎从此烟消云散。

一个原本活泼开朗的女孩，从此再没了笑容，也极少与人交谈。晚上同宿舍的同学进入甜蜜梦乡之时，她却彻夜难眠。每到吃饭的时候，即使再好的饭菜，她都感到像吃药一样难以下咽。人一天一天地憔悴下去，学习成绩也开始下滑。

孙老师心疼不已，可懂事的她却强忍着泪水说："老师，请放心，我没有事的，过两天就好了。"

其实，她并没有翻过那座流着心伤之血的火焰山。一天夜深人静时，她躺在宿舍的床上，拿起锋利的小刀，决绝地割向自己的手腕。但割腕的剧痛让她不由得大叫一声，惊醒了宿舍的同学。她们慌忙开灯，才发现她的手腕上已是血红一片。于是，舍友们一面立即制止了她的割腕行为，一面给孙老师打了告急电话。孙老师火速赶到现场，同时告知她的妈妈，然后一起将这个女生送往医院抢救。

经过一段时间的治疗，女生的伤口逐渐愈合，可她内心的伤口仍在流血。此后，她变得更加郁郁寡欢，极少与人说话，非常自闭。

于是，孙老师承担起了疗治这个女生心理伤害的重任。每天早饭、午饭和晚饭，他都和这个女生同桌就餐，他吃什么女生就吃什么。同时，边吃饭边和她很自然地聊起自己小时候的事，也聊起女生的童年以及她老家的爷爷奶奶。在学生可以放假回家的时候，孙老师还会领着这个女孩去自己岳母家里，让岳母做一些好菜给她改善生活。同时，孙老师还抽出时间给这个女生的爷爷奶奶打去电话，让他们没事的时候多来看看孙女。

孙老师告诉这个女生："大人是大人的事儿，孩子是孩子的事儿。父母都是成年人了，你没有办法管控他们的情感和生活。他们重新选择未来的生活，那是他们的自由。他们有选择结为伴侣的自由，也有选择分手的权利。也许他们以后会碰上自己心仪的另一半，并迎来新的生机和新的转变。"

孙老师发现，自己入情入理的劝说，将这个女生那似乎冰冻的心慢慢融化了，便继续与她聊下去："你设身处地想想，如果你结婚以后，你和你的先生感情不和，在一块儿生活很不舒服，那你觉得你们两个分开好呢，还是在一块儿好？"女生似乎有些醒悟："还不如分开好。"孙老师进一步地说："是啊！父母分开，说不定对他们双方都有好处。再说，父亲仍然是你的父亲，母亲也仍然是你的母亲，他们的身份和角色都没有变。他们之所以没有主动地接纳你，不是不爱你了，而是认为自己没有能力和条件把你抚养好。你的爸爸就是一个普通的司机，黑天白日地跑长途，哪有时间管你？你妈妈呢，没有工作，只是一个家庭主妇，她担心给不了你好的生活，即使如此，你的妈妈还是接纳了你。为什么？她觉得她可能比起你爸爸，还有多一些的时间和精力来关心照料你。这不正是父母对你的爱吗？"

每次的聊天，都会为这个女生的心里洒下一片阳光，经过半年的时间，她彻底从阴影里走了出来。她逐渐吃下饭了，脸上也绽放出了笑容。

初中毕业，这个女生考上了高中；高中毕业，又考上了师范类大学；大学毕业之后，她成为一名小学教师。

每年春节，这个女生都会来看望孙老师，依然会像上学时和孙老师聊天一样说起一些往事。每逢此时，她总会说：“老师，如果那个时候没有你像父亲一样关心我、呵护我、解开我的心锁，也许我早就不在这个世界上了！”

话到此处，她的泪水已经情不自禁地流了下来。不过，此时此地的泪水，没有了痛苦，全然是幸福的眼泪。

更让孙老师感到幸福的是，这个女生成了非常优秀的教师，她用知识的乳汁哺育所教的学生，更把自己的爱播撒在他们的心田里。

这只是孙老师智慧之爱的一个案例，在他爱学生的宝库里，还有很多鲜活的故事。而孙老师，又是历城二中众多教师之中的一个，那些教师同样有着很多感人至深的爱的故事。这些汇聚起来的大爱情怀和智慧之爱让历城二中有了更加璀璨的光彩。

王崧舟：文字的苍白是一种表象，真正苍白的其实是内在的情感。情感不细腻，出来的文字注定粗糙。反过来，当文字变得宁静平和的时候，那也正是心灵舒展安顿的时候。孙犁先生说过：“我常常在感到寂寞、痛苦、空虚的时刻进行创作……新写出来的文字，对我是一种安慰、同情和补偿。”

作文教学应以创造性的写作实践为主，通过写作来学习，通过写作来交往，通过写作来发展自我，创建意义，敞开心灵，治疗身心，获得澄明和解脱。潘新和先生曾高屋建瓴地指出：“写作，精神家园的建构，是人类克服自身的渺小感、孤独感和痛苦感的灵丹妙药，是自我救赎、自我完善的必由之途。精神欲求和言语创造，使人类学会承受并能够享受孤独和痛苦，使人生变得充实和丰富，美丽而精彩。”

陶继新：“通过写作来发展自我”说得好！一个优秀的人，不应当总是在原地徘徊，而应当不断地实现生命的超越。实现超越虽然非止一条道路，而对于一个读书人、对于一个老师来说，写作无疑是一条非常好的路径。

我在曲阜师范学校教学的时候，只要教完一天课，一定是有东西可写的。或喜悦，或不快，或收获，或自省，特别是形成属于自己的课文解读与教学反思，于是，我将其写成文章，而且大多发表在刊物上。后来，我将其结集出版，于是就有了《洒落教苑的思索》这本书的问世。

我甚至有这样一种感觉，如果不写作，生命里就少了很多东西，而有了写作，生命就会丰满起来。写作，让我感受到了自己的发展，自己的收获。看着自己每年都有好几本著作问世，就有无限的喜悦。

我发现，写作也可以让人走向审美的境界，因为写作是美的，长期的写作，会让人的心境更美丽，而这种心境的美丽，会让身体更健康，而健康的身体，会让人的写作效率更高。这是一种良性循环，正是在这种循环中，人就自然而然地发展了。

在某种意义上说，写作已经成了我精神成长的一个重要组成部分，也成了我不断发展的一个重要“见证人”。

语文：诗意的守望

当下语文

根系的缺失

陶继新：现在让我们再拓展一下，接到下一个话题，就是语文教育的问题。语文教育的传统可谓源远流长，我想请王老师从这个悠久的传统来谈谈现在的教育，特别是语文教育。

王崧舟：前不久我读过一本书，题目叫作《中国的逻辑》，作者叫加藤嘉一，是个日本学者，还很年轻的。书中有两段文字，我读了之后不胜感慨：

> 名字与语言是自我认同（identity）的核心。倘若“00后”的小朋友已经有英文名字，并用它经营自己就有些危险了，必须加以警惕，因为这很有可能逐渐失去自己作为中国人的思维观念。

> 中文是文化底蕴很深厚的语言，外国人不好接触，只懂语言远远不足，必须了解背后的文化，这叫做“学语文”。

哎呀，我当时看到他这番论述的时候，深感汗颜。我真的没有想到，一个日本的年轻学者，对汉语的本质有这样的洞见。看看我们自己，我们这些教语文的老师，有几个具有这样的洞见：学汉语不仅要学它的语言，更要学语言背后的文化，这才叫学语文。

我认为，语文的源头活水就是我们的文化。语文如果不跟文化对接，或者说语文如果不能够融入我们的文化当中去，那么我们的语文就是无源之水、无本之木。从某种意义上来讲，语文的力量，恰恰就是文化的力量；语文的魅力，恰恰就是文化的魅力；语文的思维方式，恰恰就是文化的思维方式。可以说，语文是一扇窗，打开的是文化这一方广阔的天地。所以，一个语文老师有没有文化的自觉，有没有文化的担当，在很大程度上影响和决定着语文课有没有质量和品位。

我曾经举过一个例子，讲到一位老师上王安石的《泊船瓜洲》课。他的理念不可谓不先进，他的技巧也不可谓不娴熟——他在课堂上采用自主、合作、探究的方式学古诗。

古诗学到最后，孩子们对这首诗提出了质疑，很有意思。一个孩子说王安石这首诗写错了，为什么说他写错了呢？王安石的诗中这样写：春风又绿江南岸，明月何时照我还？那个孩子就说："王安石这样写是不对的，因为春风吹来的话不可能只吹到南岸，它一定是先吹到北岸，再吹到南岸的。"那孩子话中的意思是什么呢？意思是：要绿，两岸都绿，要不绿，两岸都不绿。王安石这样写，显然违背事实。

另一个孩子提出的问题更搞笑，他说王安石这个人一点安全意识都没有。为什么这样说呢？他说："什么叫'明月何时照我还'？晚上行船很危险的，要是半路杀出一伙强盗来，你叫天天不应，叫地地不灵，咋办？"老师就问他咋办，那孩子说："我建议晚上泊船，白天行船。"这样一来，诗就要改成"春风又绿江南岸，白日何时照我还"。

这就是那堂课的真实状况。我们粗粗一看，理念似乎很先进，教学似乎很民主，学生似乎很生动。但是，这课您觉得行吗？我看不行！为什么？文化没有了。这首诗被当成地理知识、自我保护知识来教了。这首诗所承载的文化，那种深厚而悠久的文化荡然无存了。

"明月何时照我还"的文化血脉被"白日"晒干了。"明月"在学生眼中不过是夜晚照明的一件工具而已，它自然没有“白日”来得明亮和踏实了。这不能怪学生，相反，学生在那样的课堂情境下，能做出这样的质疑，只能说明他们身上藏着巨大的潜力。该质疑的，恰恰就是我们语文教师的文化意识和文化责任。

为什么明月总是跟想家、思乡、团聚联系在一起呢？明月的背后其实就是我们整个民族的一种共同的心理结构，或者说集体人格。明月在这里更多的不是自然的月亮，而是文化的月亮、精神的月亮。

比如李白的《静夜思》：“床前明月光，疑是地上霜。举头望明月，低头思故乡。”睹明月而思乡怀人。这种联想、这种情怀、这种民族文化，外国人很难理解，怎么看到明月就思乡看到太阳就不想呢？中国人不用说，大家都是心有灵犀啊！对不对？比如杜甫的《月夜忆舍弟》：“露从今夜白，月是故乡明。”怎么搞的呢？异乡的月亮跟故乡的月亮怎么会不一样呢？不都是同一个月亮吗？为什么？这跟科学无关，这是情感逻辑，这是民族心理的积淀，这是文化现象而非自然现象。

比如杜牧，年轻的时候在扬州过着风流倜傥、纵情声色的日子，“十年一觉扬州梦，赢得青楼薄幸名”。年老了，孤独了，就开始靠回忆过日子了，就开始怀念年轻时在扬州的那段生活了，“二十四桥明月夜，玉人何处教吹箫”。你看，睹明月而怀人了，是不是？

再比如苏东坡的《水调歌头》中的：“明月几时有？把酒问青天。不知天上宫阙，今夕是何年。”其实，关于“明月”，苏东坡还有一首《江城子》写得更感人。他的妻子已经死了十年了，突然有一天做了个梦，梦中见到了妻子，醒来以后，泪流枕边。“十年生死两茫茫，不思量，自难忘。千里孤坟，无处话凄凉。”最后一句，写得更是凄婉悲凉、催人泪下，“料得年年肠断处，明月夜，短松冈。”哪个时候最断肠？明月夜；哪个地方最断肠？短松冈。为什么非得明月夜非得短松冈？这就是文化现象、文化影响和浸润的结晶。让西方人来解读，他就郁闷。

作为文化意象、文化基因的“明月”一直传承至今，似乎没有中断过。

我们去听听流行歌曲，跟明月有关的太多了。《明月千里寄相思》《月亮代表我的心》《月亮走我也走》，等等。我们听周杰伦唱的那首《发如雪》，词是方文山写的，实在好！其中一句："邀明月，让回忆皎洁，爱在月光下完美。"你看，爱只能在月光下完美，太阳一出来就完了。这就是文化！这是中国人特有的精神现象、心理特征。这个文化血脉像黄河、长江一样滔滔不绝，千年流淌，一代又一代地传承着。

有人这样说，"不懂明月枉为中国人"，而他要说的"不懂明月"的这个"明月"显然是文化意义上的。一首诗的教学是这样，一篇课文、一个单元、一册书，乃至小学六年的语文教学都是这样。因为文化就像空气，就像阳光，在我们的语文教学中无处不在，无时不在。

陶继新：对呀！"春风又绿江南岸，明月何时照我还"这一千古绝唱，竟在这种解读中变得索然寡味，何其可悲，何其可笑。

这位老师的教学存在着不少的问题。

第一，学生的自主学习、小组学习，这种方式没有错，关键是合作学习的内涵是错了还是对了？当内涵错了，整个的方式就都错了。尽管小组合作式学习有诸多益处，比如它可以活跃学生思维，促进学生最大范围地参与学习，提高学生的表达能力，培养自我学习的素养，等等。但同时我们也要有清醒的认识，就是小组合作学习不是拯救课堂的万灵丹，尤其是没有老师作全局把握和深度启迪的小组合作学习往往适得其反，也就是说不是任何的小组合作学习都是有效的。

刚才您说的例子就是因为内涵错了，方向偏了，全局就散了。一旦如此，就会给学生传递一种偏颇的信息：我有求异思维，我敢于无所顾忌地挑战课文，而且越离谱越显得"有创新"。其实这等于是乱说一气，说得更难听点就是胡说八道。如果这也算是语文学习，"语文"就完全沦落为了文字的组合技巧、常识的承载工具，连"语言文字"这样的基本意蕴都涵盖不了，更无力延展至文学、文化，无法走进语文的真正生命王国。在这种学习方式的绑架下，学生们能学到什么？不过是语文的残枝败叶，还会养成吹毛求疵、自负好胜的毛病，最终成为一只井底之蛙，根本无缘接触宏阔的世界观、纵深的历史观、超越的生命观、正确的价值观。

第二点，上述例子中的这位语文老师对王安石的这首诗是没读懂的，既然老师都没读懂，学生懂的可能性就微乎其微了。所以，在任何小组学习当中老师都不能只是旁观者，如果小组学习是放羊式的，这里面就会出问题。老师应该是站在一个很高的高度上统揽全局，画龙点睛。给学生自由，不是给予绝对的自由，而是将这种自由引向更深广的生命和文化认知。

况且小组合作不是万能的。好诗文的解读，其实不太适用于这种小组争辩发言的方式来学习。我认为让孩子们反复朗读，体会诗歌的韵律之美，沉醉于文本所传达的意蕴之妙，再用 PPT 做一个课件，放出画面来传达一种意象，放上合适的音乐升华感受，就更美了。反复吟唱，看着画面诵读，所能体会到感受到的，将比字词的分析更完整。在吟诵的过程中，“明月”和“绿”的生命意象会慢慢地走进了学生的大脑和生命，产生一种无需言传已然意会的心灵共鸣，也在无形中荡涤了学生的内心，使之产生精神上的无限愉悦和审美体验。所以，一位语文老师的素养决定了其教学水平的高下，还决定了孩子们学习质量的高下，更决定了孩子们未来生命品质的高下。从这个意义上说，方法、方式永远不是万能的。什么是最重要的？人的内涵、文化。内涵有了，文化深厚了，什么方法都可以信手拈来而且用之则灵。比如“春风又绿江南岸”的这个“绿”，从语法上分析是使动用法，但这只是知识，如果走进这种意象意境，亲临其间，进入画中，融入诗中，就会有一种更深的生命的拓展。

第三点，我非常担心这种教法把丰富多彩的不同文体、不同个性都弄成了一个模式，一个方式来做，违背了语文本身具有的斑斓多姿的特质。既然文体形式、文字特点是多样的，那么对待所有的文本都使用一种模式来解剖、破解，肯定是不行的。模式产生的目的是可复制性、易操作性、能推广性，很多学校建立模式也是为了使水平参差不齐的老师可以有一个可以共同的抓手，实现整体的提升。这种出发点是好的，而且在一定范围内也是很有益处的。然而，可复制性的缺陷就是容易破坏语文的丰富性、完整感，这也是语文教学较难驾驭的原因。语文学科如果只是定位于知识的传达和累积的话，模式是可以运用的，但一旦把语文定位于文化的承载、文化的传达的话，模式将无力承载。

读书百遍，其义自见。中国古典艺术讲究的就是留白，也就是意境。诗歌也是如此，所以诗歌的教学更多是不需要学生讨论的，需要学生沉潜涵泳，教师适当点拨。

就像孔子学琴，太高妙了。《史记·孔子世家》中曾专门讲到这件事。孔子跟师襄子学琴，已经学了十天却不更新曲子，师襄子说："可以增加学习内容了。"孔子说："我已经熟悉乐曲的形式，但还没有掌握方法。"过了一段时间，师襄子说："你已经会弹奏的技巧了，可以增加学习内容了。"孔子说："我还没有领会曲子的意境。"过了一段时间，师襄子说："你已经领会了曲子的意境，可以增加学习内容了。"孔子说："我还不了解作者。"又过了一段时间，孔子神情俨然，仿佛进到新的境界：时而庄重穆然，若有所思，时而高望，志意深远。孔子说："我知道他是谁了：那人皮肤深黑，体形颀长，眼光明亮远大，像个统治四方诸侯的王者，若不是周文王还有谁能撰作这首乐曲呢？"师襄子听到后，赶紧起身再拜，答道："我的老师也认为这的确是《文王操》。"

当一个孩子不断地读一首诗，诗中的审美意象自然而然进入大脑的时候，就什么都解决了，什么都学到了。绝不是在那种商量、争辩中读懂诗歌的。所以，我就是害怕这种所谓统一的模式，打着改革的旗号把语文教学带入歧途。

王崧舟：语文老师要有非常清晰的文化意识，有一份特别自觉的文化担当，只有这样，我们的语文课才有了根，而且是很深很深的根。

文化的反思

陶继新：中国的教育历史源远流长，关于教育、教学，古人先贤早都说透了。所以当我们在研究教育学的时候，常常会发现我们多年深入研究实践得出的结论竟然早在几千年前就被提到过了。孔子、孟子等先贤的教育思想、教学方法现在有几个人能超越他们？太少了。再看朱熹、王阳明，谁能超越他们，太少了。

除了古代的教育大家，近代的陶行知、叶圣陶等，不也够我们数年、数十年去学习的吗？

从教育的纵向发展来说，我们中国的传统教育文化太值得研究了，也太有价值了。正是在这种教育思想的传播、启蒙之下，中国出了一大批世界级的大师。有人放言，中国传统文化全部都是错的。这真是无知，太无知了！这样的不负责任、不加研究的断言只能把教育引上歧途。任何文化之所以得以传承，是因为它有强大的生命力，中国的文化能够屹立于世界，并源远流长，正是传统教育、中国式教育的结果。当然，我并不认为中国的传统教育就是无瑕的，但我认为它是有着丰沛的生命力的，并一直在滋养着具有独特文化的中国人。

习近平总书记指出：“中国共产党从成立之日起，既是中华先进文化的积极引领者和践行者，又是中国优秀传统文化的忠实传承者和弘扬者。”这是对中华优秀传统文化的肯定。中国传统文化，如果我们不传承下来，不仅可笑、可悲，我甚至觉得是可耻的。为什么呢？我们是中华儿女，我们的老祖宗用他们的生命智慧总结出来的这么好的教育，这么好的思想体系，我们为什么要抹杀？延续并与现在的时代需求融合不就行了吗？所以，语文教学就像一直在建设的事业一样，恰恰与中国自古至今的传统思想是一脉相通的。

现在很多人之所以敢肆意评判中国传统文化，除了刚才您所说的文化缺失的原因，还有就是素养出了问题。我认为说这话的人更多的是不了解情况，说得难听点就是无知者无畏。如果让他读上三年《论语》，相信这话他就不会说了；学上三年的诗意语文，这话他也不会说了。去了解，去研究，才发言，这是正常的、严谨的治学之道。很多人却不知道“知之为知之，不知为不知，是知也”，妄加评论，这就只能说明他没有起码的素养了。即使研究之后的批判，有些是有益的，有些也是没有价值的，我们也要持着严谨的态度甄别。

王崧舟：坚信“‘家’‘国’的支点在文化”的前国家图书馆馆长任继愈先生在接受记者采访时，说过这样一番饶有趣味、耐人寻味的话：“中国有很多传统美德，说‘己所不欲，勿施于人’，你换一个‘己所欲，施于人’行不行？你爱吃辣椒，不能让别人也吃辣椒。对待朋友应该是这样，对待家人也应该是这样；人与人之间是这样，国与国之间也是这样。所以，经典的东西很有价值，是经得起推敲的。”

其实，朱自清先生在《经典常谈》一书中早就指出：“经典训练的价值不在实用，而在文化。”他特别强调：“做一个有相当教育的国民，至少对于本国的经典，也有接触的义务。”要知道，这些观点的提出，距离反传统最为激进的“五四”运动尚不过二十来年。

余秋雨先生说，什么是中国人？中国人不只是个地域概念，也不只是个国籍概念，所谓的中国人，首先是个文化概念。你的血液里流淌着《诗经》：“关关雎鸠，在河之洲。窈窕淑女，君子好逑。”流淌着《老子》：“道可道，非常道；名可名，非常名。”流淌着《庄子》：“独与天地精神往来。”你的血液里流淌着《论语》：“学而时习之，不亦说乎？有朋自远方来，不亦乐乎？人不知而不愠，不亦君子乎？”你的血液里流淌着气象万千、恣肆汪洋的唐诗宋词明清小说。总而言之，言而总之，不管你是黑眼睛还是蓝眼睛，不管你是白皮肤还是黄皮肤，你只要浸润在这样的文化里面，你的血液里流淌的是几千年传承的博大精深的中华文化，你就是一个名副其实的中国人！你就是一个堂堂正正的中国人！你就是一个顶天立地的大写的中国人！

从这个意义上讲，文化的传承，意味着真正的立人。

陶继新：关于语文教育、语文教学，“须臾不能离也”的是我们教语文需要教知识，更要教文化。在中国，教文化就是教育孩子成长为真正的中国人，而不是变成外国人，更不是变成没有思想、没有人格、没有作为的人。因为文化尤其是先进的文化，是生生不息且趋于上进、适于发展的。

不仅中国文化，世界上有着悠久传统的优秀文化都是如此，通过教育得以传承，得以优化，得以发展。犹太人占世界人口的千分之三，但他们获得诺贝尔奖的人数最多。这是非常值得我们思考的。犹太人对于自己的传统经典文化的亲近在世界是罕见的。在传统的犹太社团里，儿童很小就接受了读经教育。根据犹太经典的规定：儿童六岁开始学习读经，最通用的教学方法就是背诵，不管是否理解，先得熟读成诵。《阿伯特：犹太智慧书》中写道："学问，不进则退；不读经，毋宁死。"

犹太人的儿童教育尽管是超世俗的，浸润着浓厚的宗教神学气氛，但正是这种早期教育的封闭性和传统型特征，才能使四处漂泊的犹太人抗拒驱逐的压力与同化的潮流，使其不被同化、不被消亡。而且，犹太人的女性即使工作再好，薪水再高，生了孩子以后一般就不工作了，因为她们的任务就是教育孩子，作为孩子第一任老师，她们必须全力以赴，而教育的重要方面就是教育孩子学习经典。

犹太人热爱读书学习的文化可谓历史悠久。在古代，不少犹太人的墓地里常常摆放着各种书籍，因为他们相信，在夜深人静时，死去的人会出来读书。犹太人家庭还有一个世代相传的传统，那就是书橱一定要放在床头，要是放在床尾，会被认为是对书的不敬，会遭到人们的鄙视。

由此可见，经典文化可以增长人的智慧。智慧能够穿透时空而一直闪耀着光芒，就是因为它是文化之根、生命之本。如果没有经典的指引，人是不可能有智慧的。如果没有文化的浸润，人是不可能体会生命的精彩的。

语文教学就是要有文化、有品位，让生命流动其间，使教育者和被教育者都体会真真正正的成长，并达至审美的生命状态。

王崧舟：有文化的语文课堂，培养的是学生的中国文化精神，更是中国思维、中国智慧、中国情怀、中国美感、中国气派、中国意识，那便是中国人之为中国人的灵魂。神州之"神"，神在"文化"。晚清诗人王湘绮有诗云："谁信神州尚有神。"陈寅恪接诗云："谁问神州尚有神？"我不揣浅陋，歪对一句："喜看神州尚有神！"

诗意语文

回归语文的本真

陶继新：王老师，“诗意语文”在小学语文界甚至更大的范围内，已经产生了很大的反响。不少人对诗意语文有了认可，而且也渐渐走进了诗意语文教育教学的情景当中去了。尽管您一直否认您是诗意语文的创始人，然而在小学语文界，在大多数人看来，您为诗意语文开创了一番新天地，而且一直在践行着、收获着。所以我想请您谈谈：诗意语文的理念与核心内涵到底是什么？

王崧舟：我还是要再次声明，诗意语文不是我的首创，但我确确实实是一个诗意语文积极的倡导者和忠实的践行者。实际上，在业内，对诗意语文有不少的误解。我觉得最大的误解就是很多人把诗意语文解读为某种教学风格，然后顺着这个风格的逻辑，往前再推一步。因为学习的人越来越多，模仿的人越来越多，甚至有一批追随者了。于是大家觉得，形成了一定的气候就变成了一个流派。现在对诗意语文的定位，常常把它看作是“新课改”以来在语文界形成的比较有主张、有个性的教学流派。与之有别的，比如说：本色语文、简约语文、和美语文、深度语文、生本语文、情智语文等，但事实上我个人觉得如果把诗意语文只是当作一种流派来看的话，可能会扼杀诗意语文，这里面很关键的一个因素就是对“诗意”这个核心概念的阐释。

到底什么是“诗意”？我曾经举过一个例子：唐诗——诗的高峰，最具代表性的是这样三个人物：诗圣杜甫、诗仙李白、诗佛王维。我们读这三家的诗，给人的感觉是不一样的。杜甫的诗，沉郁顿挫，应该说这是他的风格；李白的诗豪放诡谲，这是他的风格；王维的诗，风格大多是清淡旷远的。但是，我们不能因此说诗意是他们的风格。王维有王维的诗意，李白有李白的诗意，杜甫有杜甫的诗意，但是他们三位诗的风格却是不一样的。这说明什么呢？这说明诗意本身是一个高于风格、超越风格的存在。

同样的道理，所有优秀的语文课，我认为都是富有诗意的语文课。它们的风格可能会不一样，有些比较平实，有些比较华丽；有些比较严谨，有些比较豪放；有些长于理趣，有些长于情趣……这本身是一种风格的呈现，但是不能说这些课没有诗意。很显然，诗意是一种超越了风格的范畴。

事实上，对语文教学的取向大体上存在三种状况：第一种状况就是功利的取向，我上语文课，力图让孩子们掌握一些知识和技能。该做的作业都做完，该考的试都能通过，最好能拿到一个比较理想的分数，这是一种功利的取向。第二种是科学的取向，我把语文课作为一个实验品，我对语文课、对自己的教学进行研究，我带着自己的假设进入课堂，然后我在课堂上实践这个假设，最后用我的课堂成果来检验。于是，语文课成了一个学术研究的场所，这是一种科学的取向。

还有一个非常重要的取向，这就是审美的取向。所谓审美的取向，就是按照艺术的规律、按照美的规律，来重新理解和发现语文，重新设计和践行语文，最后使语文课成为一个美妙的艺术品，成为一种审美的存在。诗意语文所选择的正是这样一种审美的取向。

我认为功利的取向、科学的取向、审美的取向，都有它存在的意义和价值。我并不反对课堂需要功利，也不反对课堂讲科学，但是我觉得语文课如果没有审美取向介入的话，那么无论是功利还是科学，它们是走不远、走不长的。语文一旦切入到审美的取向，功利才不会被异化，科学才不会变成一种纯理性的机械的操练，课堂才具有了真实的生命状态。所以，诗意语文就是生命的语文、理想的语文。

陶继新：我非常欣赏您所谈到的课堂教学的审美取向，关于这个观点，我也有着同样的深切感受。对很多学科来说，只要超越功利，走入科学的研究状态，就可以成为优秀的课堂了。然而语文学科有时是要超越科学，抵达审美的境界的。为什么对语文学科如此“苛刻”呢？这是因为语文和别的学科不一样，语文有它自己的特质。

首先，中国语言文字有着迥异于其他语言文字的独特特点，本身就有着一种特别的韵味。20世纪50年代，印度总理尼赫鲁曾对他女儿说：“世界上有一个伟大的国家，她的每一个字，都是一首优美的诗，一幅美丽的画，你要好好学习。我说的这个国家就是中国。”比如说一年级小学生就会学到的李白的《静夜思》：“床前明月光，疑是地上霜。举头望明月，低头思故乡。”要把它翻译成现代文，尽管大致意思能表述出来，但诗文背后所蕴含的韵味却荡然无存了。学习语文或者说读书不仅要懂它的意义，也要了解它藏在文字表层背后的未尽言的深意，它的审美价值取向，它的诗意。如果不把这个问题解释清楚，语文课上起来就不是语文课，就有可能上成字词文章的解剖课了。所以在这个问题上，审美追求是语文课的终极意义所在。

文学评论大师刘勰说过：“登山则情满于山，观海则意溢于海。”实际上这是一个比喻，就是登山观海要充满激情，充满诗意。那我们看语文的时候，当然也应当看到它的情、它的诗意之所在。没有情，它就不是语文了。任何表面的文字，都不是僵死的，都是灵动的，都是有生命张力的，甚至可以说，是富有诗意的。

再有，语文的特质还在哪里？就在于它是和你的人生紧紧联系在一起的。韩愈在《师说》中说道：“师者，所以传道受业解惑也。”这个传道受（授）业解惑，从语文教学来看，并非仅指表面的意思，即并非像其他学科教学一样，如数学更注重解决问题的思维能力的练习和培养。语文教师传道授业解惑的过程，是一个审美的过程，是一个追求人生之道的过程。所以，我在读李泽厚的《美的历程》等美学相关书籍的时候，都在反思一个问题，语文老师如果不从美学的角度来好好地进行教学这个事，肯定不是一个真正意义上的语文老师；一个语文老师如果对美学没有一定的研究，那肯定也不是一个优秀的语文老师。因为作为一门语言文字“艺术”的传播者，对于美的鉴别能力与分析能力是必备的。就这一点我非常欣赏于漪老师，她是中国语文界一位很了不起的老师。她所有的课，甚至她的报告都充满诗意，听她的课是一种审美享受。语文本身，它是具有诗意的，那么语文的教学就应当是一种艺术行为。作为教学与学习实践者的老师和学生，就应当有一种诗意的情怀。

由此可见，诗意语文，它既不是一种流派，也不是哪种模式或者方法，而是一种语文特质必然呈现出来的一种审美状态，所以诗意语文高于一般语文的地方正是在这里。诗意语文，真要把它做好，还有一个要件，就是作为诗意语文的呈现者老师来说，他应该有厚重的积淀。所以王老师您的诸多弟子们来追随诗意语文，我认为除了您是优秀的教师这一点以外，还在于您深厚的文化底蕴和审美状态，深深地吸引着他们。这个文化底蕴和审美状态，还跟您的人生追求和生命品质是联系在一起的。试想一下，一个人如果在语文学习、语文教学的道路上，一直处于一种痛苦状态，何谈诗意语文。正是因为有了审美的人生追求和生命品质，才使您当下及将来都是喜悦相伴，从者如云。

我教语文的时候，包括我学语文的时候，自身的体验也已证明：教育，是一种审美的过程；学习语文，也是一种审美的过程。一旦进入这个审美状态，整体感觉都是不一样的。所以教学也好，学习也好，它是一种超越物质、功利的高层次的充满享受的追求。所以无论看您的书，还是听您的课，都会带给我无上的美的享受，有一种特殊的精神愉悦。

王崧舟：诗意语文就是让语文更美，更重视言语感受和言语想象，更加彰显语文的情感熏陶、人文关怀。如您所说，诗意不是一种外在于语文的东西，诗意是语文本有的，是语文的固有属性，是语文的内在精神。

陶继新：诗意语文，不仅在小学这个领域，甚至在更大的领域当中，它还是会受到别人的批评，乃至批判的。但是正是因为这样，更说明诗意语文引起了大家关注。它撼动了单纯实用语文的根基，把人们的目光引向了更高远和辽阔的语文世界，也把人们的心灵引向更宏阔的生命境界。因为有价值，才会被争议。任何有价值的东西，它的整个成长发展过程，都是在备受批评、批判的过程当中，一次又一次地再生，经历了凤凰涅槃式的变化。比如儒家文化，它经历了多少批判啊，单我们这代人所经历的就有很多了，但恰恰是在这个过程当中它彰显出的无穷魅力，反而愈加引人心向往之。所以我说诗意语文，有不同的声音，有强烈批判的声音，倒也是件好事，这些声音使诗意语文走上了一个又一个更高的台阶。所以听您讲的时候，我就强烈地感觉到，诗意语文，它就这样不断地发展下去，不仅对您，对您的弟子，甚至于对中国小学语文界都有着不可估量的价值。

王崧舟：不敢。我觉得对诗意语文的批判是必要的，而且是正常的。据我所知，诗意语文从诞生的那一刻开始，一直走到今天，实际上一直伴随着批判的声音、责难的声音。而这些批判和责难的声音，它是诗意语文前行过程当中的伴侣，是一面镜子。我的理解，曾经有相当长的一个时期，诗意语文在行进的过程当中，它可能出现了一个诗意的焦虑问题。而诗意的焦虑正是被批判者诟病的根本原因之所在。所谓诗意的焦虑，说白了，就是你一旦标榜了诗意语文，那么诗意本身，它成为束缚，成为窠臼。于是你的教学追求，你的教学主张，最后会异化为为诗意而诗意。而事实上，从哲学的层面来讲，诗意其实是一种自由的状态。没有自由，无所谓诗意，而自由一定是自然地呈现。在我看来，语文的诗意绝对不是外加的。我甚至觉得，所有外加的诗意都不是真正的诗意。正像您刚才所讲的，其实语文的诗意是本有的，而且它是具足的。

我的课堂实践告诉我，其实语文课的诗意是内在的，它来自几个方面，比如说：

第一，我们的文本本身是极富有诗意的。因为就我们目前语文教材的选文比例来看，百分之九十的选文都是文学作品，或者说是接近文学作品的作品。文学作品，它的一个本质存在，我认为就是诗意，或者说我们可以把这样的文本解读为诗意文本，所以这样的诗意来自文本本身。比如说，文本所刻画的一系列的人物形象；比如说，文本所创设的一种美的意境；比如说，文本所营造和抒发的一种感情，它们让人哭，让人笑，让人流泪，让人震撼，让人悲伤，让人遗憾。这些形象感，这些意蕴感，这些情味感，我觉得正是诗意存在之处，因为文本本身是有诗意的，你的语文课堂怎么可能没有诗意？

第二，我认为一个优秀的、一个理想的语文老师，一定要具备诗人的气质，甚至他可能就是一个诗人。在我看来，诗人跟写诗的人要区别开来。写诗的人，他不一定是诗人。不写诗的人，他也不一定就不是诗人。余光中先生说：一个人具有良善的心，具有丰富的想象力，这个人离诗人就已经不远了，其实他就是一个诗人了。我觉得一个语文老师最重要的修养也许就是一个诗人气质的修养，他需要有像诗人一样敏感、纯粹、良善的心，同时他需要有像诗人一样丰富、持久的想象力。离开了这两点，我建议语文老师改行。也许你可以做数学老师，也许你可以做别的学科老师，但是你很难成为一个优秀的语文老师。一个诗意萦怀的老师，在课堂上将自己的诗意传递给学生，这不是一件很自然的事吗？

第三，我觉得也是最核心的，那就是孩子。我们都知道，孩子是天生的诗人，孩子具有缪斯的心性。在孩子们的眼中，世间万物，无论是一花一草，还是一石一木，都是有生命力的，都是有情感的，都是活泼泼的。我以为，这就是儿童的诗性理解。儿童观察世界、打量世界的方式本身就是一种诗性的方式，它与人类童年期的思维方式是一样的。人类童年期最主要的思维方式就是诗性思维，神话就是诗性智慧的创造。从某种意义上来讲，宗教也是诗性智慧的创造。儿童天生就是诗人，儿童天性就是诗意的，那么，以儿童为主体的语文课怎么可能没有诗意？

这三点是面向文本、面向教师、面向学生的，这三个面向组成的语文课，无论是设计还是实施，当然也是应该富有诗意的。

正因为这样，我觉得诗意对语文来说绝对不是外加的。不管你如何大张旗鼓地倡导儿童本位、学生第一，也绝不能以牺牲和排斥诗意为代价。我相信越是生本的课堂，越应该是充满诗意的课堂。而批判者、诟病者之所以怀疑、质疑诗意语文，那是因为诗意语文在行进的过程中，出现了我刚才所讲的诗意的焦虑。为诗意而诗意，贴标签式的强加诗意，硬塞进去许多跟文本关系不大的诗意，等等。对于这种现象的批评是非常需要的，也是十分有益的。

当诗意语文回归语文的本真，回归儿童的本真，回归自身的本真，那么诗意的呈现是很自然的。所谓诗意，就是平常，就是自然，天地有大美而不言，绚烂之极复归于平淡，所以，诗意的语文也是本色的语文、常态的语文。

追求生命的自由

陶继新： 诗意教学是一种美育行为，王国维在他的《论教育之宗旨》一文中指出："然人心之知情意三者，非各自独立，而互相交错者。""美育者一面使人之感情发达，以达完美之域；一面又为德育与智育之手段。"足见，诗意语文教学不仅让学生们在美的浸润下丰富自己的情感，强化自己对于事物的感受力，而且可以促进孩子们的德育与智育方面的发展。蔡元培先生在为 1930 年商务印书馆出版的《教育大辞书》所撰写的"美育"条目中给美育下了一个定义："美育者，应用美学之理论于教育，以陶养感情为目的者也。"

要让孩子们学习美文，首先要让他们的身心接受美的洗礼，要有美的环境提升他们对于美文的理解力、接受度，情感上更加接近美，才能洞悉美；我们还要使孩子们在生命状态层面上，走向一个属于他自己的人生境界。当孩子们看到过或者达到了这样的人生境界以后，他们必将完全不同了。

我采访过好多老师，也发现，最有诗意情怀的老师，他所教的孩子，也会童心不泯。比如说，我采访的青年教师苏静，当她2000年刚分到青岛嘉峪关学校教小学语文四年级的时候，就有一个不同于其他老师的看法。她认为，这些孩子一个个都是天生的诗人。所以她除了教课文以外，还教学生们背诵了一百首左右的古诗，然后又教学生们学着作诗。开始学生不会，后来会了；开始写得慢，后来写得快了；开始写不好，后来写得越来越有味道了。2001年5月，青岛市举行青年教师比武大赛，她教了一节《诗歌长廊》的课。教到中间的时候，令在场的人都没想到的是，她设计了一个这样的教学环节，她对听课的人说："请在座的评委给我的学生随意命题，我的学生可以两分钟作诗一首。"当时评委们都很意外，临时想了两个题目："小草""未来"。两分钟收卷，让评委任意抽选了四首诗歌，往屏幕上一打，评委全部站起来鼓掌。我曾经把这些诗词收藏起来，给很多的人看，大家都觉得不可思议。这里录两首请大家品看：

郑伟伟同学的《小草》：

草，春气芬芳满天飘。绿如碧，衬饰春光好。（十六字令）

周煦同学的《未来》：

她是一个美丽的梦想，她是一个久远的传说，她是一个可爱的童话，她是一个不变的承诺。她是什么？她是一条通往成功的路，她是一首饱含笑泪的歌。她在何处？她就在我们凝视的远方。（散文诗）

那时我问过她一个问题："苏静，学生作诗难不难？"她的回答妙不可言，她说："学生作诗啊，正像鸟儿在空中婉转地歌唱，正像蝴蝶在花丛中自由地飞，正像鱼儿在水中欢快地游，我只不过把自然还给孩子罢了。"这不就回归到您刚才说的孩子天生就是诗人这一点了嘛。从这个意义上来说，苏静给我们一个提醒：就是我们的孩子是完全可以作诗的，他们的诗性情怀本来就有，稍加引导就可以澎湃而出。作诗可以带给孩子生命的无限可能，而且带给孩子的不仅是知识的获得，更多的是生命的感受。

再有，孩子们为什么如此神奇呢？这与教师的引导息息相关，苏静老师本身就喜欢诗，背诵了几百首诗，并且她自己也会即兴作诗，她本身就是一个诗性满怀的人。她能体会到诗性带给人的那种美好的感受，也更会把这样的感受带给她的学生们。

与苏静截然相反的一个老师，则是另一种情景。一位教师教朱自清的《荷塘月色》，很有诗意的文本吧？他拿着书跟我说："陶老师啊，这个课文，我三课时讲不完，我能不能讲四个课时？"我说千万别，你就讲三个课时就行。结果我听他讲了三课时啊，听得我那种难受的感觉简直无法用语言来形容。他下课以后，我就问周边的几个学生，我说："老师讲得怎么样？"学生不敢说。他们看到那个老师走出教室门以后，一个学生才悄悄地对我说："哎！不知道怎么回事，他不讲，我们还基本上明白；怎么一讲，我们越来越糊涂了呢！"朱自清这篇著名的散文就被这个老师给阉割了。可他阉割的仅仅是文本吗？非也。他阉割的还有学生本来就有的诗情。

所以，让语文充满诗情，让我们的老师诗意地来教语文，诗意地生存，那感觉是不一样的。德国的一个大诗人荷尔德林，他有一句话很漂亮："人诗意地栖居在大地上。"如何诗意地栖居在大地之上？我想孩子上大学之前要上十二年学，这十二年最具有诗情诗意的年华，如果没有一点诗味，他就会感到生活的寡然、生命的苍白。怎样诗意地栖居在大地之上？这就是语文课的一个重要的使命，那就是让所有的孩子幸福地、诗意地在大地上存在、行走、成长。

王崧舟：您说的对诗意的扼杀和摧残，让我想起另一个经典的案例。有一道考试题目，题面是："冰雪化了，变成了什么？"一个孩子填写的答案是："冰雪化了，变成了春天。"老师判这个答案是错的，标准答案是："冰雪化了，变成了溪流。"

这个背后折射出来的是什么呢？我觉得是成人文化对儿童文化的一种

强暴。两种答案基于两种思维方式，变成春天，是一种诗性思维；变成溪流，是一种逻辑思维。所谓的标准，显然是指逻辑思维标准，而成人的习惯思维往往就是逻辑思维。那么，我们需要质疑的第一个问题就是：逻辑思维一定是对的吗？或者说，诗性思维一定是错的吗？这个大前提是由谁来决定的呢？当然是成人，成人文化相对于儿童文化是一种强势文化。当成人文化以一种一厢情愿、君临天下的姿态对待儿童文化的时候，它已经开始堕落了、虚弱了。

文化其实是一种生命状态。所以，这个案例的背后还折射出两种不同的生命状态之间的冲突和对立。我有理由相信，阅卷老师的生命状态已经被异化了，已经被完完全全功利化了。而这种被物质化、功利化了的生命状态，用尼采的话来说，就不是“人”的状态了，或者说不是一个“完整的人”的状态了。尼采说他看到满大街都是人的碎片，很恐怖啊！看到的是一个脑袋，没有手脚；看到的是一只手，没有躯体，全是碎片。为什么？因为物质化和功利化让人的生命四分五裂了。而儿童的生命状态恰恰就是人的状态，完整的人的状态。只有处于这样一种生命状态，才会有“变成春天”的奇思妙想。

追求人的全面发展，是马克思的一贯理想。在我看来，人的全面发展就是一种诗意栖居。所以，从这个意义上来讲，我觉得诗意语文跟诗教还是有区别的，当然，诗教应该成为诗意语文的一个重要环节。诗意语文有比诗教更高的一种追求，这种追求就是要让孩子们体验到：人除了功利性的存在以外，还有另外一种存在状态，就是审美的存在、诗意的存在。人跟世界打交道的方式，除了逻辑的方式、实用的方式以外，还有另外一种打交道的方式，那就是诗性的方式、审美的方式，就是“我见青山多妩媚，料青山见我应如是”的方式，就是“感时花溅泪，恨别鸟惊心”的方式，就是“黄河之水天上来，奔流到海不复回”的方式，就是“明月松间照，清泉石上流”的方式。

人处在这样的状态下，才是自由的。因为在这种状态下，主体和客体不再冲突，主观和客观不再分离，这是一种心物交融、天人合一的状态。在这种状态下，人成为“人”，完整的人、自由的人、自我实现又自我超越的人。现在全社会都在说幸福，当然，幸福是一种很个人、很主观的体验，没有什么“变成溪流”还是“变成春天”的评价标准。依我来说，心物交融、天人合一的生命状态才是幸福的状态，那是一种大幸福、真幸福。

所以，诗意语文也是追求自我实现的语文，也是体验幸福的语文，也是享受自由的语文。我想，这个就是诗意语文的终极关怀。很显然，这样一个定位已经超越了学科本身，超越了课堂本身，甚至超越了课程本身。有人说真正的教育学是人学，我想一个语文老师有着人学的视野，有着康德所讲的“人即目的”的追求，那么在他自己的教学中，就必然会有一种诗意的自觉、生命的担当。

陶继新：听王老师您刚才说的“人除了功利性的存在以外，还有另外一种存在状态，就是审美的存在、诗意的存在”，使我想到了一个人，就是因醉驾被刑事拘留爆出新闻的音乐人高晓松。根据当时的新闻报道，他在事发后的处理得到了大家的谅解，这符合他一贯的道德形象。他之所以能够如此，和他从小所生活的环境有很大的关系。据报道称，高晓松成长在一个书香门第：外祖父张维是两院院士，舅舅张克潜是清华教授、博导；父母均是清华教师，母亲张克群是著名建筑师，师从梁思成。同时，他是音乐圈内同龄人中唯一没买房的，也不打算买，因为他一直记得母亲的一句话：“这世界不只眼前的苟且，还有诗与远方。”他母亲的这句话，体现的就是一种诗意的存在状态，一种审美的生活方式，一种生命的回归。

王老师，同时我还在思考另外一个问题，就是刚才您谈到的标准答案的例子，其实这种现象的出现绝不是偶然，也不是个例。究其缘由，我认为，是现在的语文教学出了一个大问题。它用标准答案禁锢了本来丰富多彩的答案。然而禁锢的仅仅是答案吗？禁锢的还有孩子们丰富的想象力，禁锢的还有孩子们主动去思考的个性与能力。标准的答案让孩子们对于自我的想法从怀疑到放弃，这是一个相当可怕的过程。

为什么这会成为一种普遍的现象呢？不仅仅要批评如此教学的老师，我们的教参书也是那样写的啊！我们那个考试题就是要求那个答案啊！这是唯一的啊，不可变更的啊！而且一年不可变更，两年不可变更，三年不可变更，年年不可变更啊！开始的时候，这个老师也可能有别的答案，然而他发现别的都是不给分的，所以在这个老师的头脑中形成了只有这一个标准答案的思维定式，其他的都被人为地屏蔽掉了。但是当只有这一个答案的时候，他用受限的视野传授孩子知识的时候，孩子学习的无限可能性就变成了唯一标准性的了。同时，孩子的无限潜能也渐渐地受限了。就像我们都听过的，有关马戏团训练大象的故事一样：

马戏团里从事表演的象，都是从小就开始训练的。小象调皮，玩性大，驯兽师就用绳子把小象拴在“木桩”上，消磨它的意志。自然，小象耐不住日日、时时围着“木桩”团团转，便不断地挣扎，欲摆脱“木桩”。然而，小象力量小，经过若干次努力，都无法将“木桩”拖出来。久而久之，小象竟以为自己是绝对无法摆脱“木桩”的了，到后来，驯兽师只要把小象系在“木桩”上，小象就会安分守己——在这种“潜移默化”的消磨中，小象慢慢长大，成了大象。

在马戏团中，大象可以做很多显示“力大无穷”的表演。但在表演后，大象却很安分地被绳子拴在“木桩”上。

实际上，大象的确是“力大无穷”的，十根木桩也拴不住它。但就因为从小的体验，在灵魂深处居然产生了一种根深蒂固的观念：“木桩”的力量比自己大，是不可战胜的，自己被拴在“木桩”上是理所当然的。

说到底，大象是被自己长期形成的“已有观念”所束缚，忽略了自己“力大无穷”的能力，因而磨灭了摆脱“木桩”的念头——行动的大象被观念的大象打败了。

现在的很多孩子不正像这些大象吗？被标准答案的“木桩”所束缚，最终只学会了为考试答案而学习的思维模式，完全放弃了自己本来具有的“力大无穷”的潜能。

对于学生来说，对于生命存在的状态来说，他们不应该是这样的，他们本来是多维的、是丰富的、是自由的，孩子可以展开瑰丽的想象，他们不仅仅可以写成“春天”啊，还可以写出无数类似充满诗意的、合乎生命内在逻辑的词汇啊。

王崧舟：是呀，儿童本该生活在诗意中！儿童心中有片万事皆有情、万物皆有灵的诗境，那是如此原始、如此混沌、如此率真。然而，我们正在剥夺儿童的本色，我们正在粉碎儿童一个个七彩的诗梦。永无休止的机械练习、永无休止的特长培训、永无休止的家教辅导、永无休止的学科竞赛，蒙蔽了儿童诗意的眼睛，充塞了儿童诗意的耳朵，堵住了儿童诗意的嗅觉，遮蔽了儿童诗意的触感……

陶继新：这种答案的唯一性最可怕的是它对学生的影响。当孩子的答案被老师否定的时候，孩子会认为“我原来的想法是错误的”，这样的问题只有一个答案，从此对自己有了负面的评价，从此没有了自信。自此之后，所有有悖于“正确”答案的那些真正来自自由的心灵的、来自无限创造力的更好的答案，他就不再去动脑筋想了，因为想了也没用，因此他被剥夺的是思维能力、想象的能力及创造的魄力。

这种教育扼杀的不只是这一道题，同时扼杀掉了儿童的天性，把他们的趋向于美的诗意人生扼杀掉了。他们就像工厂的流水线上出来的产品一样，彻底被格式化为统一模具了。所以王国维才说：“社会上之习惯，杀许多之善人。文学上之习惯，杀许多之天才。”更为可怕的是，这不是个体行为，不仅仅是这一个老师，而是一批老师，还不是一年，而是一年又一年，不是一个孩子，而是一代又一代的希望。当一个人没有诗的性情，丧失了生命本能之后，他的生命状态肯定就被束缚了。就像您说的，很多的老师，很多的成人的脸上枯燥无味，没有任何活力，他心里没有诗了。而一个真实的充满诗情画意的人，他肯定是很鲜活的，很生动的，很有张力的。这样的一位老师，也必然是“追求自我实现的、体验幸福的、享受自由的”真正的人。他传递给学生的，不仅仅是课堂上的生命感，而是在任何时候、任何地方都可以让学生感受到自由与美好，他的存在本身就是一种诗意，一种审美，一种使学生心向往之并欲学而习之的楷模。所以，不同环境下学生的生命状态是迥然不同的。从这个意义上来讲，诗意语文的价值还会更大的。

保护儿童的天性

王崧舟：这就需要反思我们整个教育文化。教育文化又是整个社会文化的折射，因此，更需要反思我们的整个社会文化。我曾经说过，乔布斯只可能出现在美国，不可能出现在中国。乔布斯要是生在中国，长在中国，他就不可能成为“乔布斯”。为什么？因为我们这个社会没有这样的文化，何以为证？“变成溪流”为证。其实还有许许多多“变成溪流”的现象。

童话大王郑渊洁曾经讲到自己小时候被罚站的事情：

> 我上小学的时候，上课特别爱走神儿。比如老师说这个字念“天”，我就能一下子想到地，然后想到地上长什么，然后又想到地底下是什么，然后可能又想到宇宙飞船……然后——可能就被老师发现了。
>
> 然后老师就把我叫起来，问我他刚才讲了什么，或者让我回答一个问题。我当然回答不出来了。
>
> 然后老师就让我罚站。站在前面对全班同学说“郑渊洁没出息”，说一百遍……我自己就边说边抠着……手指头，抠出个血泡，还是得忍着痛一遍遍地说，真的就说了一百遍。当时心里特别恨。
>
> 小孩子走神儿也不是坏事儿，那证明他有想象力——一个孩

子没有想象力那有多可怕啊！可是，如果老师为此惩罚他，或者就为此让他觉得以后自己“不行”“没出息”，那损失的就不是一点点想象力，而是他的自尊和自信。

这真是非常悲哀的事情。但是美国不同，美国的内华达州曾经发生过这样一起案件：

有一天，一个叫作伊迪丝的3岁小女孩跟她妈妈说，我知道盒子上的那个单词“OPEN”（打开）的第一个字母读“O”。妈妈听了感到很吃惊，因为她从来没有教过女儿这个字母的读法。一打听，原来是孩子幼儿园的老师教她的。妈妈非常生气，结果把这个叫作“劳拉三世”的幼儿园告上了法庭，理由是幼儿园的教育剥夺了伊迪丝的想象力，因为之前她女儿能把“O”说成苹果、太阳、足球、鸟蛋等东西，但是，现在孩子就失去了这种能力。为此，伊迪丝的妈妈要求幼儿园赔偿她的孩子精神伤残费1000万美元。谁也没有想到，审判结果是孩子的妈妈胜诉了。

为什么呢？原来陪审团被这位妈妈在辩护时所讲的一个故事感动了：

她曾经到某个国家旅行，在一家公园见到两只天鹅，一只被剪去了左边的翅膀，一只完好无损。剪去翅膀的被放养在较大的一片水塘里，完好的一只被放养在较小的水塘里。她非常不解，管理员告诉她，这样能防止它们逃跑。因为，剪去一边翅膀的天鹅无法保持平衡，飞起来会掉下来；在小池塘里的天鹅，虽然没有被剪去翅膀，但起飞时会因为没有起飞必需的滑翔路程，而老实地待在水里。她听后既震惊又悲哀，为天鹅悲哀。她说，她今天为女儿来打官司，就是因为她感到伊迪丝变成了劳拉三世幼儿园的一只天鹅。他们剪掉了伊迪丝的一只翅膀，一只幻想的翅膀；他们早早地把她投进了那片水塘，那片只有ABC的小水塘。

这位妈妈的辩护词成了内华达州修改《公民教育保护法》的依据。现在，美国的《公民利权法案》规定，幼儿在学校里拥有两项最基本的权利：第一是玩的权利，第二是问为什么的权利。

这是美国的社会文化，所以，我说乔布斯只可能出现在美国。乔布斯的伟大，就因为他把科学和审美，把最尖端的科技和最丰富的想象整合在了一起，他改变了世界，改变了我们的生活方式。

我没有这么神圣和崇高，试图通过倡导诗意语文来拯救整个民族的未来，我没有这样的奢望，也没有这样的野心。但是我觉得，不从改变自己的课堂开始，不承担自己应尽的责任，我们这个民族就没有希望。

陶继新：正如您所说，孩子天生就是诗人。其实我们想一想，当孩子牙牙学语、刚会说话的时候，他对这个世界充满了好奇，他会不遗余力地到处探索，他还会经常问他的爸爸妈妈，为什么皓月当空？为什么星光满天？为什么满地绿色？为什么鲜花绽放？为什么鸟儿啼鸣……所有这些都是儿童的诗意，也是人本初的对于生命的赞叹。他的语言是儿童诗里面的，他的想象是梦幻般的想象。敏锐的感觉力是所有儿童天赋的能力，也是他生命初期用以学习的最主要的能力，儿童依靠感觉跟自己以及这个世界建立联系，在他们的眼中，万物皆具灵性，所以说，婴幼儿、儿童都是泛神论者。随着生命的成长，由外在体验转而进入丰盛的内在体验，从而发挥出自己无限的生命潜能。这种能力如果大人能够认识并保护的话，那么人人皆具诗性。可惜的是，太多的成人过早地用固化的理性去限制孩童，使这种感受力和诗性早早地夭折了。当然，也有真正懂得的人，正如我曾经采访的智者老咪一样，可以说她的爸爸就是她的诗性得以延展的主要功臣。在我采访她的文章中，有这样一段：

1988年，泉城动物园。春风轻拂，新绿乍露。

久困园中的老虎，似乎也感受到了春的召唤，在围观的人们面前，昂首信步而行。那伟岸的身躯，从容自若的神态，呈示出特有的威武与勇猛。

人群中一个四岁的女孩，被这只老虎所透视出的崇高与壮美惊呆了。她情不自禁地叹道："多么像一位大思想家啊！"

发出这声慨叹的就是老咪。

老咪自幼对大自然情有独钟，而且有着一种与生俱来的写诗的灵性。她刚刚生下一个来月时，每天夜间两点就号啕大哭，一到4点便戛然而止。其间任你妙计千条，都难以止住这天籁的呼号。一天，爸爸无意间将她抱到墙上所贴的一幅泰山风景画前，奇迹出人意外地出现了：老咪顿时停止了哭叫，脸上露出了前所未有的惊喜，一双幼稚而明亮的眼睛，闪射出兴奋的光彩。

小小的生灵，对自然风景画竟有着如此的痴迷与神往！

对五彩纷呈的自然景物，老咪更有着特殊的好奇与喜爱。

天上的星星为什么不停地眨眼？地上的河流为什么永远地流淌？美丽的鸟儿为什么婉转地歌唱？鲜艳的花儿为什么遍地开放……

这一切的一切，在老咪看来，都是新奇与美好的和谐，都充盈着诗情画意。

对每一种景物，老咪都有着持久的兴趣，她都可以从中寻找出美来。每一天的太阳升起，她都怀着激情去观赏。在她看来，这不是太阳的重复出现，而是有着新的内涵，新的景象。太阳也是一个活的性灵，她正在进行着执着的追索。

她与大自然同在，大自然便是一首又一首的华彩诗章。

两三岁时，老咪就特别喜欢听爸爸读诗。尽管她还弄不懂诗的意思，但那平仄起伏的韵律美，那抑扬顿挫中所蕴藉的奥妙，却似磁石一样吸引着她。于是，她也经常说一些像诗一样的话。遥望夜空，她脱口而出："天上的星星真美啊！是爸爸为我买的吧？"

而老咪的爸爸王辉湘，在他讲述自己和女儿的故事时，是这样说的：

说到我对女儿有很好的教育，自己真的惶恐不安了，而且感到非常地惭愧。我哪里有好方法教育女儿呢？我只不过是用我的心去爱她而已，我只不过是把我爱这个世界上的各种东西想法告诉她，把我的那种情绪传染给了她而已。其实，对不起女儿的地方却是更多，因为自己的知识浅薄，天资愚钝。

我爱这个世界，爱这个世界上的一切：人、猪、狗、牛、羊、马等一切的动物；树、草、花、高粱、小麦等一切的植物；流水的小河和飘动着白云的天空；白天里的阳光和夜晚里的星辰。哪一样东西能不让人心动呢？我爱他们和它们，我就把那样的爱也给了女儿了。

我爱我的女儿，我就在她很小的时候，和她一起去观察我们所爱的一切，去探索我们面对的种种事物的奥秘，去抒发我们对这个奇妙世界的感想。

其实，我是很感谢我的女儿的，她从会说话的那一天起，就不断地提出种种深奥的问题来考问我，很惭愧的是，没有一个问题是我能够回答好的。所以，我从来不敢说是我教育了女儿，如果不是女儿的提问，我的心或许至今对那些问题还麻木不仁呢。

因为我爱自己的女儿，对于女儿提出的问题，从来不敢不懂装懂。虽然自己孤陋寡闻，又天性愚钝，由于出于爱的缘故，我就和女儿一起去学习那些问题，去思考那些问题，并用种种方法去描绘对那些问题的体会。

我们一起到田野里、到山上、到河里去看，看那各种各样的东西都怎么了？我们一起翻开今人的书、古人的书、外国人的书去读，想知道别的人都对这个世界说了什么？我们一起闭上眼睛去听，听风的声音、听雨的声音、听小鸟的声音，我们以为也可能这些声音能告诉我们这个世界的奥秘。

我们觉得爱是一根长长的藤蔓，它会长出知识的叶子，会开出智慧的花朵，最后又会结出爱的果实。

一天天，一月月，一年年，我们就是这样度过的。

著名的儿童教育家蒙台梭利曾经说过：“儿童是成人之父。”她说的就是儿童这种天然的、丰沛的感知力，是成人所要学习的。可惜的是，太多的成人已经忘记了自己的童年，而在当今僵化的教育模式和功利的教育思想的影响下，对孩子的感受力和诗性全是根除而后快，所以大多数孩子进入小学之后，他们最后的诗性也泯灭殆尽了。追根溯源的话，便一定会暴露一个问题，就是我们的老师是在诗意地教语文吗？还把学生当作儿童吗？如果老师把学生只当作承载、接受知识的容器，那么他原本就有的诗性、本来的良能，就悄然地甚至不着痕迹地给扼杀掉了。当孩子的诗意一旦给扼杀掉了，我们就会发现，孩子被扼杀的还不仅仅只是一个诗意，还有他的诗意情怀、他的诗意人生、他的审美能力。所以从这个意义上来说，诗意语文，就是我们可以帮助儿童把他的诗的生命、诗意的才能、审美的状态绽放出来，这样所能给予孩子的，就不仅是当下的一种特殊的快乐，更是未来的一种生命的美好。

诗意语文教学就是要为孩子们创设一个提升生命感受力的环境，正如我们学习语言一样，要学习哪一国的语言，最简单直接的方式就是进入到良好的语言环境中去，这样我们才能学到最正宗、最地道的语言。而诗意语文的课堂给予孩子们的就是这样一个诗意的环境，正如我们谈到过的语感问题，诗意语文的课堂让孩子们进入到一种自然的诗意语感环境内，慢慢滋养出孩子们的审美情怀。要审美首先要知道何为美，有这样一句话：“没有人是知道善而不向善的。”孩子们只有在这样的环境中才能认识美，了解美，进而追求美。于是，生命状态的优化便成为自然而然的事情。

刚才您谈到乔布斯，乔布斯有句名言：“成就一番伟业的唯一途径就是热爱自己的事业。如果你还没能找到让自己热爱的事业，继续寻找，不要放弃。跟随自己的心，总有一天你会找到的。”我认为乔布斯是把高度的热爱、充分的想象力和事业联系在一起，和科技合而为一的。所以乔布斯使苹果公司成为美国最具价值的企业。而他也改变了这个世界，并让我们的生活因现代科技充满了更多可能。

再回到刚才您说的幼儿园的事。其实，前些年有本书很畅销：黄全愈博士的《素质教育在美国》。在书中，他就谈到美国的孩子学画画，与咱们国家的很多孩子学画画不一样，老师不是开始就教你学着怎么画、怎么画得像，而是随便涂鸦，充分想象，任意去画，非常奇特。到一定的时候再教给他技法，这就保护了孩子诗般的想象力和大胆的创造力。或许在孩子的成长过程中，太多的父母急于把知识、技巧告知孩子，却忘了问一问孩子在他的眼中这是什么感觉。在时间的长河里，我们把常识与知识习惯性地强加给孩子，形成思维的枷锁，把孩子套牢，之后再去斥责他们没有想象力，这其实是很不公平的。

所以我感觉您所倡导与践行的诗意语文，从某种意义上来说，的确可以起到保护与张扬儿童诗般天性的作用，而这诗般的天性恰恰是一个孩子能够走向未来的必备的品质之一。这个品质一旦没有，其他的好多努力很可能会事倍功半。面对无法挽回的过去，我们只能先改变自己，从自己做起，才能以此来影响孩子。

指向未来与诗意

王崧舟：诗意语文之所以遭到质疑，被不少专家和教师拒之门外，我觉得还有一个非常重要的原因。在我们目前的整个教育体制下，不管怎么说，主流的价值取向还是应试教育，最后看一所学校就看它的考试成绩，就看它的中考、高考升学率。这样一个被政府和社会不断放大的强势价值取向，在很大程度上影响甚至决定着一线教师的价值取向。什么样的语文教学广受老师欢迎呢？能够考出高分的语文。从某种意义上讲，现在所谓的某某模式是应试教育体制下的产物，是怪胎。

在这样一个主流价值下，老师们会质疑诗意语文。为什么？很显然，诗意语文从当下或者从近期来看，它不但不能够很好地提升孩子的语文成绩，提高孩子的语文分数，甚至在某种程度上还可能会影响孩子学习成绩的提升。于是，理所当然地，诗意语文就被功利占主导的应试体制所排斥。但是这里我想说的是什么呢？就是从近期来看，也许诗意语文对考试确实是无用的，但是正像您刚才所讲的，可能无用之用，会成为大用。从更长远的角度来看，在诗意语文陶冶和浸润下成长发展起来的孩子，他对语文的那份爱，他对语文的那种敏锐，还有语文对他的熏陶，最终，都会积淀在他身上，形成孩子独有的生命气质，会成为孩子们可持续学习的最大动力。

我认为，没有什么比让孩子从生命的高度热爱语文更重要的。一个人热爱语文，迷恋语文，也许他一时半会儿不一定能够考出高分，但是我相信，这些孩子的语文素养就长远来看，一定会超过那些虽能考出高分，但是对语文却无甚好感的人。行话说，学理似筑塔，学文如聚沙。语文学习是一项慢活，语文素养的提高是一个长期积累、长期陶冶的结果。因此，对语文教学我们应该看得远些，再远些。

陶继新：王老师，刚才您谈到当前所谓的一些流行的、被广泛宣扬的模式，这个模式本身呢，当然也是有一些道理的。只是这里面出现了一个变异，就是这个模式往往跟高效联系在一起，而高效到底是什么？到底该如何定位？很多人把这个高效曲解了，把表面的热闹当作高效了，把仅仅考出高分当成了高效。高效因此被绑架，作为替换词语以遮掩应试教育的实质来粉饰太平。老师、学生因此而负担更重，一边要表演着表面的高效，一边又要不遗余力地追求着应试的高分。那么为什么人们会这么一窝蜂地追模式、求高效呢？这与长久以来形成的整个社会思维惯性是紧紧联系在一起的。

任何的教学，都有它内在的规律性，语文教学也是这样，诗意语文也有它内在的生命规则，这是毫无疑问的。中国古代最著名的两位思想家老子和孔子曾经各提出过两个看似相悖的论题。老子的思想是“无为而无不为”，孔子的思想是“知其不可而为之”。其实这两种思想并不相悖，老子的思想核心在于不为某种目的而做事，所以“无为”，根据宇宙自然运行之理，目的是自然而然达成，所以“无不为”。而孔子的思想核心也在于不要为眼前利益而做事，而要做应该做的事，即使这事看上去不成也要做，不要为了那个“成”而做。同时，这个做的过程，要遵循“无欲速，无见小利”的原则，因为“欲速则不达，见小利则大事不成”。

语文学习何尝不是如此！为了一个高分而学习语文，是为“有为”，反而可能“不为”。为了应试而学习语文，以求速达，所以只是以记背知识的方式学语文，或许能在一次两次的考试中“见到小利”，但是久而久之，大事不成。我们不是见到太多学了十二年语文、做了成千上百张卷子的学生，依然在语文考试中败北，甚至觉得学语文太难了，心里讨厌语文，以至于离开学校后“再也不看书了”。而诗意语文的立意不在高分，不在应试，不在眼前的高效，所以看似是无为，长久之后，则涵养出一批语文学养深厚、人生境界高远的优秀学子。

说到这里，跟您谈一个很有趣的事。我在曲阜师范学校教学的时候，我大女儿正好跟着我在曲阜上小学，从一年级开始到三年级，校长就找过我几次。他说：“陶老师，您是曲阜师范的老师，您还是教文选和写作的，您知道您女儿的语文成绩吗？”我说：“怎么了？”“好几次都没考到90分！”您当校长知道，小学生得考到99分，甚至是100分才算好学生。我说：“好，好，我一定注意，叫她多做作业。”我口头上说这话，其实心里想的是她基本上会做就行。回家也不跟她谈成绩，每周还是照常从曲阜师范学校图书馆借来书给她看。大女儿上小学三年级的时候我被借调到济南，因是借调，不能把家人一起带过去。所以，大女儿自己就在曲阜过了一年。当时我就委托我们语文组的一位老师，请他每周帮我女儿借一本好书，让她有机会大量地阅读。

一年后，我正式调到济南了，全家人也一起在济南团聚了。大女儿转到山东省实验小学，实验小学当时有一位很出色的主任，叫李蓓芝，她搞了个实验，她说："我建议您这个女儿跳一级上我的班级里来。"一般从县城转到省城，因教学水平的差异，就算学习进度相似还很难跟上班，别说当时女儿的学习进度还几乎落了半年。我说："从下面上来通常都是降一级，我女儿再跳一级能行吗？"李主任说："叫她试一试，先考试看看，只要能到60分就行。"结果一考，她的语文考了62分，数学考了63分，真是太巧了，大女儿就跟班进入了五年级，实验的小班。小学毕业的时候，她顺利考上了当时的重点初中。后来，她又凭实力考上了全省重点高中——山东省实验中学，后来又考上山东大学中文系。她的学习我很少操心，我认为这和我当时所持的语文观是有一定关系的，我追求的不是"高效率"，而是指向未来的。

关于诗意语文，我认为它的一个重要价值之一，在于它的收效更多的是指向未来的。经过一段时间的积累，学生不仅仅可以考高分，整个的生命状态也是好的。不管外面的风吹得多么的大，诗意语文岿然不动，它相信坚守也是一种品质，对真语文的坚守是有价值的。同时，我也感到非常欣慰的是，您现在除了自我坚守以外，全国有相当一大批语文老师也已经在诗意语文这条道路上行走了。对此，我感到一种希望，更感到一种敬意。

王崧舟：其实教育本身最终就是指向未来、指向生命本质的。"一个人学习得越多，知道得就越多；知道得越多，忘记得就越多；忘记得越多，知道得就越少，那么为什么要学习呢？"这是西方的一句哲言。我不知道这是一种睿智的诘问还是一种诙谐的调侃，但是，它带给我们的思考却是非常深刻的。它使我想起了爱因斯坦曾经说过的一句名言："当你把学校教给你的所有东西都忘记以后，剩下的就是教育。"

谁都知道，随着时间的流逝，通过教育获取的知识可能遗忘，通过教育掌握的能力可能退化，通过教育培养的兴趣可能转移。但是，通过遗忘、通过退化、通过转移，有一种东西却在时间的流逝中被慢慢地、悄无声息地积淀了下来。这就是人的品性、人的意志、人的追求、人的思想、人的精神、人的心灵，这就是人的生命。而这，正是教育的本质所在。

在教育中，我们总是强调分数，这是教育的悲哀！语文的悲哀！更是生命的悲哀！谁都清楚，语文教育的过程，应该是学生感悟自由精神的过程。因为，语文本身就是自由精神的载体。一部《红楼》，写尽风流。单是命意，就因读者的眼光而有种种：经学家看见《易》，道学家看见淫，才子看见缠绵，革命家看见排满，流言家看见宫闱秘事。语文教育的过程，应该是学生弘扬自由精神的过程。因为，生命本身就是自由精神的宣泄。少年读书，如隙中窥月；中年读书，如庭上望月；老年读书，如台上玩月。离开了自由精神的感悟，语文就不可能为学生的生命成长提供养料；离开了自由精神的弘扬，语文就不可能为学生的生命提升注入活力。

语文，不仅仅是一种学习、一种训练，更是一种欣赏、一种享受。语文教育，应该成为学生生命世界中的一片绿洲、成为学生精神世界中的一道风景、成为学生心灵世界中的一股甘泉。语文素养说到底就是“人”的素养，人文精神说到底就是“人”的精神，母语教育说到底就是“人”的教育。我们说，当学生用感情去领悟母语的同时，母语也同时熏染着学生的感情；当学生用智慧去解读母语的同时，母语也同时提升着学生的智慧；当学生用心灵去品味母语的同时，母语也同时雕琢着学生的心灵。这个时候，“人”和“语”水乳交融、“语”和“人”互为一体，“人”就是“语”，“语”就是“人”。也许，这就是语文教育的最高境界吧。

语文之外

人人皆具良知

陶继新：您不止一次地谈到德育问题，即修身的问题，这确实是值得我们用心深入研究的重要课题。所谓“修身，齐家，治国，平天下”的“大学之道”，也是把修身放在了首位，是“千里之行”的“始”。道德的优劣左右着一个人的一生，掌控着一个人行进的方向，并影响着周围甚至更广泛的人群和世界。

然而现在我们的教育出现了一个问题——德育的“假”“大”“空”。人们往往口头上强调德育为先或者追求德智体美劳全面发展，但是在实际的行动中却难以得到真正的落实。针对这种现象，王老师您是如何看待呢?

王崧舟：正像您刚才所讲的那样，某些学校的德育确实存在很多弊端。比如说：内容上比较假，要求上比较大，措施上比较空，这就是人们经常诟病德育的“假”“大”“空”。对学校德育，我想套用一句政治俗语，就是“一个中心，两个基本点”。

一个中心是什么呢？就是对于学生这个德育主体的基本判断问题。现在的德育，对德育主体往往是不信任的。因为孩子不好，孩子容易变坏，所以我要好好教育他，我要规范他，我要约束他，我要引导他，我要批评他。这有点像西方文化对人性的一个基本判断，人性是恶的，是带着原罪来的，所以宗教、法律、道德、伦理这些东西都是针对这个“人性本恶”的基本判断来设计的。

我觉得，德育的这个中心是值得怀疑的。我们当然不能简单地说人性本恶或者如中国传统文化所讲的人性本善，但是，我们对德育主体应该持有这样一个基本的信念，即每个儿童都是有“良知”的，德育主体首先是一个良知主体。通俗一点说，儿童不是病人，更不是罪人、犯人，儿童天生具有道德良知。

这应该成为学校德育乃至整个社会道德教育的基本判断、基本信念。说德育主体是良知主体，并不意味着他们就没有问题、不会犯错，恰恰相反，任何良知主体都是在一次次失误、犯错中觉醒的。他们之所以出现问题，恰恰是因为他们的良知被蒙蔽了。一旦祛除蒙蔽，良知之光就能瞬间照亮他们的生命。

因此，德育做什么？两个字——祛蔽。祛蔽就是祛除蒙在良知上的污垢、尘埃，唤醒主体内在的良知，擦亮生命的本觉，这个是德育的中心，或者说本质。

现在我们德育的大方向出问题了。大前提是不相信孩子，认为孩子是容易变坏的，所以我要去管他。完了，越管越糟糕，越管越分裂，越管孩子问题反而越多。什么原因？因为你没有看到孩子自身是有力量的，自身的良知是本身具足的。

陶继新：刚才您谈的关于德育的“一个中心”真是一针见血，切中要害啊！的确如此，最核心的问题如果都错了，出发点都错了，再夺人眼球的方法都将抵达错误的目的地。

记得有一次，偶遇一位家长，聊天过程中了解到，他的孩子在班里是令所有老师头疼的一个孩子，几乎每天都会因纪律、学习等问题被放学后留下。那位家长不无惭愧地说：“唉，他被放学留下是正常现象，要是不被留下反而不正常了。”这位爸爸还说道，班主任老师多次找家长谈话，有一句话令他特别感慨。老师对他说：“你孩子是全班坏孩子的头。”他说：

“我孩子是调皮了些，不过，他并不坏。孩子曾经跟我说，他也很想表现好，而且有些方面还是能表现好的，只是因为老师对他印象不好，他总也没有机会表现了。还有一次，孩子不知怎么的，超常发挥，考试考了100分，他同桌是个比较乖的男孩子，却没有考到100分。孩子对我说：‘爸爸，我这次不得了，连我同桌这样的好孩子都没有考过我。’孩子是一脸简单的得意，但是我听了真是心酸啊。孩子已经把自己定位成一个坏孩子了。唉！”从这位家长的话中，我们可以感觉他的无可奈何。其实这样的现象，在学校里，尤其是小学里，何其普遍啊！哪个班里没有几个老师的“眼中钉”、同学们的“公敌”啊。试想已经被钉上了“坏孩子”这个烙印的孩子，或许整个的学生时代都将无法翻身，甚至可能像这个孩子一样，在他自己的内心也会渐渐地认定自己的“坏”，并慢慢地真正地滑入“坏人”的行列。

所以，这个核心问题何其关键。教师内在的认定或者信念将直接投射成学生的外在现实，教育学上著名的皮格马利翁效应不正是这一现象的实验性研究吗？皮格马利翁效应又称罗森塔尔效应，产生于美国著名心理学家罗森塔尔的一次有名的实验：

> 罗森塔尔和助手来到一所小学，声称要进行一个“未来发展趋势测验”，并煞有介事地以赞赏的口吻将一份“最有发展前途者”的名单交给了校长和相关教师，叮嘱他们务必要保密，以免影响实验的正确性。其实他撒了一个“权威性谎言”，因为名单上的学生根本就是随机挑选出来的。8个月后，奇迹出现了，凡是上了名单的学生，个个成绩都有了较大的进步，且各方面都很优秀。再后来这些孩子成人后也全都在不同的岗位上干出了非凡的成绩。

显然，罗森塔尔的“权威性谎言”发生了作用，因为这个谎言对教师产生了暗示，左右了教师对名单上学生的能力的评价；而教师又将自己的心理活动通过情绪、语言和行为传染给了学生，使他们强烈地感受到来自教师的热爱和期望，变得更加自尊、自信和自强，从而使各方面得到了异乎寻常的进步。

在这里，教师对这部分学生的期待是真诚的、发自内心的，因为他们受到了权威者的影响，坚信这部分学生就是最有发展潜力的。也正因如此，教师的一言一行都难以隐藏对这些学生的信任与期待，而这种“真诚的期待”是学生能够感受到的。

在小学阶段，对孩子来说，老师无疑就是最大的权威，其地位甚至超越了父母。基于孩子在小学阶段权威意识的发展显示，儿童期孩子的自我评价基本仰赖于权威的评价，也就是老师说什么一般小学生就信什么，包括老师对他的人格、能力、未来发展的评价性认定，孩子就会认为自己本质上就是老师所说的那样子的。当然，随着年龄的增长，在孩子的自我意识发展更完善的青年期，或许基于一些自我发现的学习，自我评价会更加全面客观起来，但是儿童期来自老师或家长的评价依然会或多或少地产生着影响。所以，如果在德育当中老师有一种错误的假设，认为孩子性本恶，不教导、不设规矩、不严加看管就会露出坏的本性，那么孩子自然会读出老师即使未说也会流露出来的评价，并使之成为自己成长中的阴影。所以，把出发点设在假设孩子是有问题的，本身就是为德育设置了路障。

如果换一个角度进行德育，结果就截然不同了。认同孩子本性的良知，并告诉孩子基于这种良知的正确的行为是什么就可以了，引导孩子成就自己的人生，帮助孩子明确做人的根本，足矣。

良知就是天理，是每个人本来就具有的天性。孟子曾说：“人之所不学而能者，其良能也；所不虑而知者，其良知也。孩提之童无不知爱其亲者，及其长也，无不知敬其兄也。亲亲，仁也；敬长，义也；无他，达之天下也。”一个孩子，出生之后自然就会亲近他的父母；稍微大一点，自然地尊敬兄长。没有什么特别的原因，这两种品德是天下通行的。

哲学家康德说过，世上有两样东西最使他敬畏，就是头上的星空和心中的道德律。头上的星空是外在的必然，心中的道德律是内在的良知。佛家的“一切众生皆有如来智慧德相”，其实就是说每个人的内心都有与生俱来的良知。作为一个人来说，良知是生命之根，根深才能叶茂。所以，我们要想发展好自己的事业、组建和谐的家庭、营造良好的人际关系等，都要在这根基上下功夫。正所谓种下善念，收获良知；种下良知，收获道德；种下道德，收获习惯；种下习惯，收获性格；种下性格，收获人生。可以说，良知是成功人生的基础，一切事业都要从体认良知做起。

王崧舟：德育工作中，教师的影响更为关键。记得有这样一个故事：很多年前，有一位学大提琴的年轻人去向20世纪最伟大的大提琴家卡萨尔斯讨教：“我怎样才能成为一名优秀的大提琴家？”卡萨尔斯面对雄心勃勃的年轻人，意味深长地回答：“先成为优秀而大写的人，然后成为一名优秀而大写的音乐人，再然后就会成为一名优秀的大提琴家。”

我想，一个教师，最主要的标志是健全的人格。用自己健全的人格去影响自己的学生、去爱自己的学生。鲁迅先生曾经说过：“小的时候，不把他当人，大了以后，也做不了人。”苏霍姆林斯基曾经说过：“在影响学生的内心世界时，不应该挫伤他们心灵中最敏感的一个角落——人的自尊心。”爱默生曾经说过：“教育的秘诀是尊重学生。”是的，尊重学生！我们说，德育的最高境界是塑造美好的道德人格，道德人格的树立却基于人的尊严，人的尊严是在尊重的土壤里成长起来的。一句话，没有教师对学生的尊重，就没有德育。

陶继新：教师作为施教的主要行为者，需要体认自己和学生的良知。没有这种体认，教师将可能因为平均分、因为班级纪律红旗等而放弃掉某些“差生”，教师也将失掉教学的乐趣，将自己的职业生涯变成一种苦旅；如果有了良知的体认，老师将不会放弃任何一个学生，不论这个学生表面看上去多么“顽劣”。从而也使自己得以不断处于一种与学生的相生相长的幸福之中。就像我们耳熟能详的著名教育家陶行知的四颗糖的故事，陶行知先生的内在信念正是“所有的孩子都是有良知的”，教师的工作就是帮助孩子看到他所本自具足的良知，看到他自身所具备的力量：

> 一次，陶行知看到学生王友用泥块砸同学，当即制止，让他放学后到校长室。陶行知来到校长室，王友已等在门口准备挨训了。没想到陶行知却给了他一颗糖，并说："这是奖给你的，因为你很准时，我却迟到了。"王友惊疑地瞪大了眼睛。陶行知又掏出第二颗糖，对王友说："这第二颗糖也是奖给你的，因为我不让你再打人时，你立即就停止了。"接着陶行知又掏出了第三颗糖："我调查过了，你砸的那些男生，是因为他们不遵守游戏规则，欺负女生；你砸他们，说明你很正直善良，且有跟坏人作斗争的勇气，应该奖励你啊！"王友感动极了，哭着说："陶校长，你打我两下吧！我错了，我砸的不是坏人，是自己的同学……"陶行知这时笑了，马上掏出第四颗糖：因为你正确地认识错误，我再奖励你一颗糖……我的糖分完了，我们的谈话也结束了。"

我们说大人可以教育，孩子更可以教育。况且孩子本来良知就被遮蔽得很少，只要让他们认识到自己的本性，发掘出力量的源泉，教育就成了一件顺势而为的事了。

其实这个道理早在《中庸》中就已经言明了："天命之谓性，率性之谓道，修道之谓教。"顺着他的性子去做、去引导，这样学和教的感觉就不一样了。

身教胜于言教

王崧舟：是的，良知主体这个中心问题明确了，我们再来探索德育的两个基本点。

第一个基本点就是唤醒孩子的道德体验。这个道德体验太重要了，正像儒家的"仁"与"礼"的关系一样，我觉得"仁"更多的是一种内在体验，有了这种内在体验以后，形于外的礼才是真诚的，是他生命之"仁"的自然呈现。我们现在要求孩子讲礼貌，这个没有错；要求孩子守规矩，这个也没有错。相反，我们的教育传统向来是讲“童蒙养正”的，童年时期正是要求学生讲礼貌、守规矩的黄金时期。但是，“养正”如果没有儿童的道德体验作为前提，那么，这就变成了一种强加。礼貌成了形式，规矩成了桎梏。

苏霍姆林斯基当校长的时候，有一次，校园里开出了一朵很大的玫瑰花，全校学生都非常惊讶，每天都有许多学生来看。这天早晨，苏霍姆林斯基在校园里散步，看到幼儿园的一个四岁女孩在花园里摘下了那朵玫瑰花，抓在手中，从容地往外走。苏霍姆林斯基很想知道这个小女孩为什么要摘花，他蹲下身子，亲切地问：“孩子，你摘这朵花是送给谁呀？能告诉我吗？”小女孩害羞地说：“我奶奶病得很重，我告诉她校园里有一朵大玫瑰花，奶奶有点不信，我现在摘下来送给她看，看过了我就把花送回来。”

听了孩子天真的回答，苏霍姆林斯基的心颤动了。他牵着小女孩，从花园里又摘下两朵玫瑰花，对孩子说：“这一朵是奖给你的，你是一个懂得爱的孩子；这一朵是送给您妈妈的，感谢她养育了你这样好的孩子。”

苏霍姆林斯基不懂规矩吗？当然不是，相反，作为一校之长的他，更能感受学生遵章守纪的重要性和紧迫性，但是他显然有更深一层的思考：没有爱的道德体验，任何纪律和规矩都是苍白无力的；我们从这个四岁孩子的身上，不仅感受到了她纯洁无瑕的爱心，也同时看到了她稚嫩而珍贵的守纪意识——她都说了摘下的花等奶奶看过了还要送还的。

德育就是要让孩子体验到道德行为本身能带给他幸福，带给他喜悦，带给他作为一个人的尊严和价值。只有体验到这一点，你的要求他们才能真实奉行。

第二个基本点是什么呢？是道德底线。德育的重心一定要下移，下移到道德底线上来。对孩子来说，就是要养成一些最基本的道德习惯。

一家著名的外资企业，举行了一次面向社会的公开招工。这次招聘的职位，报酬丰厚，但条件严格。一些高学历的年轻人纷纷前往应聘，他们过五关斩六将，几乎就要如愿以偿了。

最后一关，安排的是总经理面试。面对几乎是百里挑一的应聘者，总经理说：“我有点急事，你们等我十分钟。”总经理走后，这帮踌躇满志的年轻人围住了老板的大办公桌，你翻文件，我看来信，没一人闲着。十分钟后，总经理准时回到办公室，他宣布说：“各位，面试已经结束。很遗憾，你们都没有被录取。”年轻人大惑不解，没有搞错吧？面试还没开始呢！总经理不紧不慢地说道：“我不在期间，你们在我办公室的表现，就是面试。抱歉，本公司不能录用随便翻阅文件的人。”年轻人全傻了。

无独有偶，有人也去报考一家外企。面试中，主考官以经验不足为由，让他另谋出路。此人临走时，起身一按椅子，被椅子上露出的钉子尖扎破了手。他没说什么不好听的话，而是顺手拿起主考官桌上的镇尺，把钉子敲了回去，然后礼貌地走了。没走多远，此人就被主考官派人找了回来。他被郑重告知，公司决定录用他。录用的原因很简单，主考官认为，从顺手把钉子敲进去这一细节中看出，他有着良好的做事习惯，公司需要他这样的员工。

1978 年，几十位诺贝尔奖的获得者在法国巴黎聚会。有记者问其中一位：“您在哪所大学、哪所实验室里学到了您认为是最重要的东西？”出人意料的是，这位白发苍苍的学者回答道：“是在幼儿园。”记者又问：“您在幼儿园学到了些什么呢？”老人如数家珍地说道：“把自己的东西分一半给小伙伴们，不是自己的东西不要拿，东西要放整齐，吃饭前要洗手，做了错事要表示歉意，午饭后要休息，学习要多思考，要仔细观察大自然。从根本上说，我学到的全部东西就是这些。”

老人的回答代表了聚会的诺贝尔奖得主们的普遍看法。他们认为，终生所学到的最重要的东西，就是小时候家长和老师们教给他们的良好习惯。

叶圣陶先生曾经这样说道：“教育是什么？往简单方面说，只需一句话，就是要养成良好的习惯。”大思想家培根说过：“播种行为，收获习惯；播种习惯，收获性格；播种性格，收获命运。”

随便翻阅文件，断送了一帮高学历年轻人的美好前程；而顺手敲进钉子，则让另一位年轻人迎来了柳暗花明又一村的人生机遇。是的，人生的成功，必须从良好的习惯开始。

我们总是试图把孩子塑造成一个个的圣人，却总是忽视最基本的道德底线、最基础的道德习惯，这是很要不得的。

所以，改变德育现状必先从改变自己做起。

陶继新：基于人人皆有良知的德育教育，必然不是模式化的，必然不是机械化的，必然是鲜活的。每一个受教者都可以在自己良知的背景下，展现自己独具的个性，表现自己与众不同的潜质。也就是，每一个个体将都是被承认的、被欣赏的、被期待的。“我爱你，不是因为你表现了什么，而是因为你就是你。”允许释放和表达不同个体的差异性。承认了人与人之间的差异性，老师才能更加了解自己的学生所需所想，然后给予正面、积极的引导。老师是家长之外与孩子相伴时间最多的人，很多孩子对老师的崇拜甚至超过家长，所以每一位老师都应谨言慎行，因为老师是身教的第二课堂。如果孩子在家里、在学校里看到的、接受到的都是美好的，那么这个孩子是不会违背道德而行的。中国有句古话，叫“近朱者赤，近墨者黑”，意思是提醒我们要多接触好的人、好的环境，远离坏的人、坏的环境。

其实，反过来想想，我们每一个人，何尝不是他人、家庭及社会的环境呢，我们这个环境是不是够“朱”呢，我们有没有尽力地让自己成为对他人、对社会的“朱”的环境呢。如果常有省识的话，我们就不会懈怠，不会推诿，而全心致力于自身环境的优化，把终身学习作为自己的首要目标。而在这个终身学习者的行列里，教师和家长应该成为先行者，因为他们直接影响着新生代，影响着祖国的未来、世界的未来。

王崧舟：前段时间，我参加雷夫的一个学术报告会。这两年在国内教育界流行一本书，叫《第 56 号教室的奇迹》，创造这个奇迹的人，就是雷夫，美国洛杉矶伯恩特小学的一位教师。我当时在现场听雷夫的演讲，觉得很惊讶。我以为只有中国这样的国家才会大讲特讲德育，没想到一个美国的普通小学老师，对于德育的重视程度绝不亚于我们中国老师，甚至是有过之而无不及。

雷夫讲德育，给我一个最大的启示是：身教重于言教。雷夫说，凡是我要求学生做到的，我自己必须首先做到。他讲了发生在第56号教室中的一个德育故事：班里有一个孩子非常调皮，调皮到什么程度？学生坐的桌子椅子很多是破损的，破损的原因是被学生人为弄坏的，那个孩子的椅子就是被他自己给硬生生弄断的。弄断了怎么办呢？雷夫自己动手悄悄地修好了。没过多久，椅子又被那个孩子弄断了，雷夫又自己动手悄悄地修好了。这样来来去去，反复了许多次，但是那个孩子根本就不买账，我行我素，“照断”不误。雷夫说，当时他的内心有两种声音：第一种声音是我必须爆发，必须痛骂那个孩子，必须把那个孩子赶出去，必须让孩子受到处罚，最严厉的处罚；还有一种声音是在提醒他：你要求学生彬彬有礼、温文尔雅，你在学生面前能不能做到这一点呢？当这个声音响起来的时候，雷夫就说：我不能发火，因为我对我的孩子有温文尔雅的要求。任何情况下我都必须保持足够的理性，我必须做出温文尔雅的样子给学生看。于是，雷夫克制怒火，继续动手修缮被弄断的椅子。终于有一天，精诚所至，金石为开，那把椅子再也没有被那个孩子损坏过。

雷夫最后说，这件事他感触特别深，他处理这件事的过程中所表现出来的理性、克制、温文尔雅，本身就是一种巨大的德育力量。所以，他欣慰地看到，在他的立身示教下，他的学生也越来越变得像他一样。所以，教育者自己必先受教育，为孩子做出表率和榜样。

陶继新：德育的实践性太强了。正像您所说的，它是一种体验式学习。德育有时需要进行说教，但说多了就会流于表面，而惹人生厌甚至逆反，尤其是这种说教还是出于知行不合一的老师或家长之口。德育很多时候是不需要言说的，更多的是要在实践中实现的。

我们要求我们的孩子善良，如果我本善良，那么我们的孩子就不可能不善良。别人对你善良，你回报以善良很容易；别人蓄意害你，你还能善良以对，就不太容易了，但这恰恰能够表现出真善良。在这一点，我感觉自己做得还算可以。我曾经几次被人陷害过，对此我表现得很淡然。因为我了解，一个人陷害另一个人不过几种原因，也许他是误解你，也许是有人挑拨是非，也许是真的嫉妒你。所以，对待陷害我的人，我不与之为敌，我还是善待他，今天我善待他，明天我善待他，后天还善待他。他今天不知道，明天不知道，后天不知道，也许他一辈子不知道，但又怎样呢？我心已安然。

我曾不谦虚地说，我有宽容的长处，需要说明的是，年轻气盛时并非如此。时光老人与古今中外大哲们的教诲，才让我懂得了宽容的价值。尽管有人曾一度中伤过我，可随着时光的流逝，往事早已如云烟般消失得无影无踪。我曾夸口说自己“天下无敌”，不是自己有多么大的本事能征服世界，而是在我心中整个天下没有我的敌人。所以我常说：“四海之内，皆朋友也。”正因如此，我心坦荡与安然，以至常常为此而偷偷地傻笑，甚至夸奖自己是一个多么聪明的人啊！其实，宽容不只是宽容别人，也要宽容自己。想想自己的一生，不但不是十全十美，还犯过这样那样的错误，直到今天，也是错误不断。如果天天记挂在心，定会烦恼不断。为此，就要原谅与宽容自己，因为自己是凡人一个，不犯错误“其可怪也欤”？这样一想，心里便没了包袱，以至心海里洒满了灿烂的阳光。不过，犯了错误虽然可以宽容以待，但如果不断“重复昨天的故事”，就不能原谅了。所以，我会像孔子的高足颜回那样尽可能地做到“不贰过”。尽管不可能完全做到，可心有此念，并时可做到，也便释怀了。

我非常欣慰的就是我的两个女儿的身上，有着善良和宽容的品质。她们一个是山东大学文学硕士，一个是中国传媒大学电影美学专业硕士，虽然学业上也还算不错，但是在孩子的成长过程中，我更加看重的是品性。我一直坚定地认为，一个品性不佳的人即使成绩再突出，事业再成功，都无法成就幸福的人生。然而，美好的品性，终有一天会带给她们很多生命的奖励，即使没有，那么她们的人生也必是坦荡的、幸福的。

大女儿毕业后在济南的《齐鲁晚报》工作。刚工作那会儿，骑了辆摩托车跑新闻。有一次，她采访回报社，骑车到大门口，正准备进大门，忽然从旁边路上逆行冲出来一个骑自行车的，一下子就冲到她面前。猛地一惊，她紧急刹车，结果连车带人摔倒在地，那个骑自行车的人也摔倒了。这时，大女儿踉跄着爬起来，第一件事就是赶紧去扶那人，还一个劲地问人家伤着哪儿没有。那人也自知理亏，而且也没受什么伤，骑上车就走了。这时，大女儿才揉了揉自己摔疼的胳膊，去扶自己的摩托。她的同事正好路过看到了这一幕，并且后来告诉了我，还说她平时就这样，总是先考虑别人，太过善良了。我则很欣慰，“退一步海阔天空”“吃亏是福”从来都是我家为人处世的基本原则。

我的二女儿也是如此，上大学期间学业很优秀。大学女生的宿舍里常有小争吵，有时也会因为班干部、奖学金的名额而明争暗斗，矛盾丛生。但是，宿舍里的每一个人都跟二女儿很好，为什么呢？因为，女儿在各种利益面前，从来都是退让，有了好机会也总是先推荐给舍友们。对她如此做事，我非常认可，因为，名利从来都是浮云，只有自身的文化素养、品格力量才能够跟随自己一辈子，也是影响自己的生命质量的最重要的东西。

王崧舟：德育要取得实效，还有一个重要的逻辑前提：教育者必须先受教育。这是老话了，也是教育常识。但是，这些基本的教育常识已经被我们丢得差不多了。

立身示教、不言之教，这是德育的法宝和秘诀。孩子身上的问题，究其根源，往往是家长和老师身上的问题。

如果孩子喜欢谴责别人，是因为我们对他们批评过多；

如果孩子凡事喜欢抱怨，是因为我们总是挑剔他们；

如果孩子喜欢对抗，是因为我们对他们有敌意和强制；

如果孩子不够善良，是因为我们是一个缺少同情心的人；

如果孩子胆小、羞怯，是因为他们经常被我们嘲弄、怒骂；

如果孩子不跟我们说心里话，是因为我们早已习惯于揭孩子的伤疤、翻陈年老账；

如果孩子不辨是非，是因为我们对孩子总是失望，不能耐心鼓励；

如果孩子嫉妒、敏感、怕受伤，是因为我们所在的集体没有宽容和温暖；

如果孩子不喜欢自己，是因为我们对他们缺少接纳、认可和尊重；

如果孩子不上进，不努力，是因为我们对他们要求过高他们做不到；

如果孩子很自私，是因为我们对他们过于溺爱和纵容；

如果孩子不懂老师的苦心，是因为我们没有教会他们理解别人；

如果孩子退缩、逃避，是因为遭到了我们的轻视和打击；

如果孩子懒惰和依赖，是因为我们替他们做的事和决定太多。

所以，改变德育现状必先从改变自己做起。

陶继新：所谓德育，其实也是帮助孩子在良知的基础上拥有选择的能力，即不论外界环境如何，不论他人如何待我，我有保有自己的良知并释放良知的权利。天地间有种我们看不见摸不着的生命规则，就是当你做了善事，你的善心会向外散发出去，宇宙的善能也会反馈给你，让你的心中充满善的力量，从而使得内心更加愉悦。这种力量表现得最为突出的就是 1979 年度诺贝尔和平奖获得者特蕾莎修女，她曾经写过的非常著名的“人生戒律”：

人们经常是不讲道理的、没有逻辑的和以自我为中心的，不管怎样，你要原谅他们。

即使你是友善的，人们可能还是会说你自私和动机不良，不管怎样，你还是要友善。

当你功成名就，你会有一些虚假的朋友和一些真实的敌人，不管怎样，你还是要取得成功。

即使你是诚实的和率直的，人们可能还是会欺骗你，不管怎样，你还是要诚实和率直。

你多年来营造的东西，有人在一夜之间把它摧毁，不管怎样，你还是要去营造。

如果你找到了平静和幸福，他们可能会嫉妒你，不管怎样，你还是要快乐。

你今天做的善事，人们往往明天就会忘记，不管怎样，你还是要做善事。

即使把你最好的东西给了这个世界，也许这些东西永远都不够，不管怎样，你还是要把最好的东西给这个世界。

特蕾莎修女正是依从这样的良知本性在行事，尽管她的一生生活贫困、危机四伏，但她所带给人的和她所体验的，永远都是喜乐和富足。我想，她的境界、她的道德生活状态，其实是人人可以效仿的，因为从本质上来说，我们跟她一样，良知的本体是一致的。而作为老师和家长，以此为自我提升的方向和榜样是很必须的。

您上面谈到的那个故事是七十五位诺贝尔奖获得者聚首巴黎盛会上发生的事。这个故事形象地揭示了“习惯决定品格”的道理，也的确如此，当可实践性的德育教育从幼儿园开始慢慢培养，就会成为良好的行为习惯，再经不断地浸润就会沉淀成优秀的品格。足见，儿时开始的德育对于一个人的一生所起到的影响力是多么巨大。同样的一个问题，学生习惯的养成，是从小养成的，越小越根深蒂固。如这个诺贝尔获得者提到的，“不是自己的东西不要拿，东西要放整齐……”这些都是习惯的养成。

良好的习惯养成是一个重复、重复再重复的过程，每个孩子出生伊始，便开始接受外部世界给予的各种信息，最初的他们是不加拣择全面吸纳的，然而这也正是最重要的时刻，我们给予孩子什么，将决定孩子成长为什么样子。很多父母在孩子大了之后抱怨孩子一事无成，责备孩子不懂得孝顺，殊不知孩子是父母的镜子，在孩子成长的轨迹中一定可以寻到父母雕刻过的痕迹。同时，因为习惯是一以贯之的过程，如果父母的自我教育不够的话，孩子所效仿并学到的也必将是说教的话语后面的父母真实的行为。只要父母有一种对于至善的不断追求，其实就是在对孩子进行的最好的德育教育了。

有一位高僧，每天坐禅时，用棋子来辨别心念的善恶。善念出现时，拿一颗白色棋子放在一边，恶念出现时，取黑棋子，每天晚上做一次检点。开始时，黑棋子比白棋子多得多，他为此痛心疾首。接着，白棋子慢慢地增加，三十年后，他身边的棋子全变成白棋子了。

所以善念也是要精心培植的，就像我们的一生都在做着选择，选择私利还是选择道德？

前段时间，有一本畅销书叫《不抱怨的世界》，作者也倡导用更换手环的方式来督促自己对人生负起全责，不对外界有任何的抱怨。这也是一种对于道德的选择和练习。

儿童是成人之父

王崧舟：您刚才讲到您女儿的事，我心有戚戚，我想到了我跟女儿之间的事情。很多事的发生都在证明一个道理——孩子往往是我们的老师。

我女儿喜欢看书，有时我会把一些好看的书推荐给她，但我从来没有奢望她能把喜欢的书推荐给我看。有一次，她读到一篇文章，很兴奋，拿来给我看。这篇文章的题目叫“天堂和地狱”，我一扫全文，发现内容其实我老早就看过了。但是，为了不扫她的兴，我就重新看了一遍。

文章的基本内容是这样：说一个人死了，天使带着他到地狱去看看，然后又去天堂看看。天使先带他去了一个地方，看到一个屋子，屋子中间有一口大锅，里面煮着东西，很多人围着大锅要吃东西，他们吃东西要靠勺子，勺子的柄特别长，所有人拿着勺子就是够不到嘴边，因此，他们怎么努力也吃不上东西，只能干着急，只能眼睁睁地看着食物挨饿。天使告诉他，这是地狱。然后，天使又带他到了另一个地方，也看到一个屋子，也看到屋子中间有一口大锅，也看到锅里煮着东西，也看到很多人围着大锅要吃东西，也看到这些人吃东西用的勺子的柄特别长，看起来似乎跟地狱没有什么区别。唯一的区别是，他们拿着长长的勺子互相喂着吃，我舀了给你吃，你舀了给我吃，因此，他们一点都不着急，他们都能吃上美味的食物。天使告诉他，这是天堂。

看完故事，我突发奇想，问女儿：如果你死了，你是想上天堂还是下地狱呀？作为成年人，我期待的答案当然只有一个：上天堂。但女儿的回答却让我大吃一惊，她说要下地狱。我当时很惊讶，问她为什么。女儿很认真地说："我下了地狱，就可以去告诉那些人，怎样才能吃到东西。"我听了，非常感动，又非常愧疚。作为成年人的我们，良知和心性已经被俗世、功利蒙蔽了，但孩子不是，孩子的心地非常纯洁，非常干净，这就是良知，没有人教她，良知就呈现出来了。我觉得这个时候女儿才是我的老师。

还有一件事，是女儿读初中的时候。那时她住校，星期五下午放学我就去接她回家。有一次，女儿上车后我发现她情绪不对，眼圈红红的，整个人有点萎靡不振，我问她，是不是考试没考好，她摇摇头。我问她，是不是寝室的卫生扣分了，她摇摇头。我又问她，是不是有男生欺负你了，她又摇摇头。过了一会儿，她说，她班里有个女同学的亲人得癌症去世了。那个同学非常伤心，在学校的一个角落里悄悄落泪，这个女孩子人际关系非常糟糕，班级里几乎没有朋友。女儿说，看到她这么难过，我也很难过，就走过去搂着她，跟她一起哭了一会儿。我听了很感动，眼睛马上就湿润了。后来我知道，这个孩子得了歇斯底里症，休学了。像这样的孩子，人人避之犹恐不及，不要说搂着安慰，哪怕跟她走在一起都不敢。女儿能做这样的选择，我觉得就是良知。

所以，我始终坚信，作为道德主体的儿童，他们的良知是本有的，是具足的。当后天的尘垢蒙蔽了他们的良知，我们要做的是祛蔽。而且，就良知的显现而言，更容易被尘垢蒙蔽的，恰恰是我们成人自己的良知。这个时候，谁来唤醒成人的良知呢？我们的孩子。

陶继新：您的女儿真的很不一般啊，"我不下地狱谁下地狱"，这是大善之下的无畏啊，这是慈悲之下的忘我啊！真是大器之材啊！

王老师，说到孩子对父母的帮助，我深有同感。我有一个讲座的题目叫

《永存感恩》，第一谈的是感恩父母，第二谈的就是感恩孩子。我有切身感受，我们往往常说要感恩父母，但很少有人说感恩孩子。为什么要感恩孩子呢？就是您刚才说的，孩子天性纯净、善良，他是一面镜子始终照亮我们，在某种意义上他又是我们最好的老师，他在不断地提醒着我的良知所在，甚至不断指引着我们的方向。

2008 年和我大女儿一块儿到青海讲课。回来前我买了四包牦牛肉干和四包茶叶。我大女儿的孩子刚刚三岁，她说："姥爷，还得买四包。"我说："带给家里人的，这些就够了，还要再买干什么呢？"她说："还有我幼儿园的小朋友呢！"我忽然间觉得小不点的她高大起来了。她要买的四包是为了给没有到青海的她的小伙伴吃，这就是分享啊，这就是"众乐乐"啊！刚才您讲的关于天堂和地狱的故事中，在地狱的人不知道分享，只知道独吞，以满足自己为最先考虑，结果最终也无法吃到一口食物，一损俱损。现在很多的独生子女何尝不是如此啊，如果是他想要的东西，他的爸爸妈妈、爷爷奶奶、姥爷姥姥都会给，他不仅不会分享，全占了还觉得不够而苦恼丛生。正像您之前所说的，德育的第一个关键点即道德体验，要让孩子在极小的事上、寻常的事上，体验道德行为带来的于人于己的愉悦，才能使之深化为自身的一种永久的品格。所以，我对外孙女的这一行为给予了高度的赞赏，并且对大女儿说："你看，小轩轩（外孙女小名）是我们的德育老师呢。"

在学校里其实有很多德育实践的机会。老子说："天下大事，必作于细。"德育就是要在小的、细的事情上，一点一滴积累起来，做起来。比如，新加坡的小学，入学该怎么做德育课本上都写得很清楚了，孩子们照着学、照着做就行，很容易实践。德育一定要具体化，如果没有具体化的德育就出现大问题了，就会培养出一批喊口号、说大话的"伪君子"。像孔子那个时代，他的教育中把德育作为主体内容，但他所言极少，他的德育都是在行动当中的，是做给他的学生看的。

王崧舟：对，我们的学校德育一方面不断被泛化，"假""大""空"，另一方面，又不断被"窄化"，德育被"窄化"为一门课，被"窄化"为一次活动。我们只知道有水处是水，却不知道无水处皆是水。德育无处不在，德育无时不在。

陶继新：著名的教育家蒙台梭利曾经说过："儿童是成人之父。"此语深具哲理啊。孩子善良的本性生而有之，这个本性一直没有缺失。"人之初，性本善"，缘何很多的孩子在长大后出现这样的、那样的道德问题呢？一个问题孩子背后几乎必有一个问题家长，如果没有问题家长，肯定有问题老师在，再找不出来就是一种社会原因了。我认为德育教育要从家庭做起，从父母做起。

我的孩子一直都支持我们、爱我们，那么自然，那么温馨，其实，我们就是这样对我们的父母的。我兄弟姊妹六个，我的父亲从得脑血栓到去世，所需的几十万花费绝大多数都是我出的，唯一在农村的二弟一直随侍左右，出力最多，我非常感激。在这个过程中，我们的兄弟姊妹们没有计较过钱多钱少，出力大小，全是尽力而为。所以，孩子们看见我们是怎样对待老人的，她们也就怎么对待我们。如果一个人不孝敬自己的父母，投射在子女心里的就是不孝敬父母是可以的。当你孝敬自己的父母，你不用说什么话，孩子会自然知孝的。我认为这就是德育，就是家庭德育。

全然地接纳孩子

王崧舟：话又说回来，孩子的问题首先是家长的问题，这一点我体会太深了。前不久，我读了伊能静写的一本书叫《灵魂的自由》。说实话，我倒不是因为伊能静是台湾的"美丽教主"而去读她的书，也不是想看她跟哈林分手这些花边新闻才去读她的书，这本书吸引我的，是伊能静说的这句话：执着天堂不放手，就是地狱。

我读完《灵魂的自由》，对伊能静的坚韧、宽恕和智慧非常钦佩。书中，她非常真诚地分析和反思自己跟哈林分手的原因。最终她痛苦地领悟到这样一点：她发现自己的内心始终有一个不完美的小女孩儿，她始终不能全然地拥抱这个不完美的小女孩儿。正是这种内心的分裂和冲突，投射到她和哈林的关系上，分手是注定的。所以，在那一刻，她生出一种慈悲来，不是去责怪哈林，怨恨哈林，而是拥抱自己内心的那个不完美的小女孩。

这跟伊能静的童年太有关系了，她说心中那个不完美的小女孩的形象，在很大程度上是母亲投射给她的。她回忆自己的童年，发现母亲从来没有全然地接纳过她，总是觉得她这还不够好，那还不够好，总是希望她变得更好。背后的潜台词就是，你现在不够好，你现在不够完美。

所以，我觉得家长跟孩子之间的关系非常重要。很多家长问我，你是怎么教女儿的，我总是笑而不答，有时实在憋不住了，我会这样说，家庭教育的具体方法都在其次，关键的关键只有一条：你能不能全然接纳你的孩子？全然接纳难在哪里？孩子身上的优点肯定没问题，孩子身上的缺点呢？孩子身上的问题呢？孩子身上的不足呢？对于这些，你能不能全然接纳？这是最根本的方法，是家庭教育的最高原则。

有一次，一个家长向我诉苦，他的孩子拼音学了三个月了，到现在连最基本的字母还不会写，他说你教教我，我着急死了。他又说，我也表扬过他，激励过他，没用。我后来骂他，甚至打他，也没用。我说，你的焦虑直接影响了你的孩子，孩子的心性是非常敏感的，他太清楚家长的状态了，你的焦虑一定导致孩子的焦虑，而孩子的焦虑导致他更难掌握字母的写法。我又说，我可以很负责任地告诉你，在我的学校里没有一个孩子到毕业了还不会写字母的，一个都没有，所有的孩子都会写。这三个月不会，过三个月就会了；过三个月还不会，再过三个月一定会了。不要着急，慢慢来。

没过一个月，他就喜滋滋告诉我，他孩子都会写了。为什么？因为他自己首先消除了焦虑，心定了。家长心一定，孩子马上就能感受到。孩子只有在心定的时候，静气的时候，才能好好学习。克里希那穆提说过，真正的学习一定发生在悠闲的状态下。紧张、焦虑、冲突不可能导致真正的学习发生。所以，这就提醒我们注意，所有的家庭教育，方法都是形而下的，最根本的一条就是全然地接纳你的孩子。我说，我自己就是这样对待女儿的。没有具体方法，也没有更多时间投入，也没有更高的要求，但是在她成长的十五年里，我确确实实全然接纳了她，而她回馈给我的，就是善良、阳光、乐观，我觉得这就足够了！

陶继新： 有的父母生了孩子之后，往往就会有占有的心态，这是人之常情。而流水体现出来的道的特征是生养万物、化育万物，却不占为己有，这就叫作“生而不有”。“为而不恃”的“恃”就是自恃己能，认为自己功劳大。一般人付出、贡献之后，往往索要酬劳，或者居功。但是古今中外的圣贤，他们对社会、对人类有大功德，但是从来不会炫耀，只有纯净的大爱——奉献。法师说：流水启示我们什么是无私无我的大爱，什么是大慈大悲、大智慧。

我感觉，为父母者、为师者当学流水。其实现在很多问题孩子的产生，都是源于父母或老师把孩子看成自己的一部分，而不是看成一个有着独立人格、良知本体的人。因为孩子是自己的一部分，孩子如果不好、不优秀、不符合自己的期待，就会对之产生恨铁不成钢的情绪，也会想方设法地改造他，因此孩子就感受到一种被侵犯、被拣择、不被接纳的羞辱感，就可能因为意图抗争而产生了自我的扭曲。我听过一句话觉得特别好，说“亲子关系不是用来评价的，而是用来接受的”。如果父母或老师有着流水般“生而不有，为而不恃”的心态，放孩子自由的话，孩子会活出他的精彩和个性来的。

我二女儿喜欢看一档娱乐节目叫《中国梦想秀》，她有时会分享一些她的心得。她说这个节目中有一期里有一位母亲，她的儿子患的是先天性脑瘫，孩子的父亲知道后离开了他们。很多人也都认为孩子是个累赘，这样的孩子一生无法生活自理，不会语言交流，更别提工作了。全世界，有很多的脑瘫患儿都被放弃。但是这位母亲，一位并没有读过太多书的母亲正是抱持着对孩子的爱与信任，相信孩子是天使，每一个孩子的身上都有发光点，为了孩子学习唇语，一遍又一遍教着孩子说话。现在，这个男孩虽然看上去和正常的孩子略有不同，讲话速度很慢，但是他可以照顾自己，可以和妈妈交流，甚至还学会了弹钢琴。从孩子的眼神中可以看到他对妈妈的爱，对妈妈的信任，以及他的自信。

所以，父母也好，老师也好，要有那种发自内心的对于良知的认同，更要抛弃功利化的教育目的。英国哲学家夏夫兹博里认为，道德和审美一样都应当是无功利性的。他认为，人先天地便具有“德行”“秩序”这类理性观念和辨别善恶美丑的能力；人性是善的，审美感和道德感在根本上是相通的。他说，如果人生来就自私，一切行动都有立即的动机，那就和动物没有两样。他提出了“内在的眼睛”“内在的形式”“内在的节拍”等概念，后来形成了审美的“内在感官”说。

说到这儿，又使我想起了一则关于苏轼的小故事：

宋代苏东坡到金山寺和佛印禅师打坐参禅，苏东坡觉得身心通畅，于是问禅师道：“禅师！你看我坐的样子怎么样？”

“好庄严，像一尊佛！”

苏东坡听了非常高兴。佛印禅师接着问苏东坡道：“学士！你看我坐的姿势怎么样？”

苏东坡从来不放过嘲弄禅师的机会，马上回答说：“像一堆牛粪！”

佛印禅师听了也很高兴。苏东坡见禅师被自己喻为牛粪，竟无以为答，心中以为赢了佛印禅师，于是逢人便说：“我今天赢了！”

消息传到他妹妹苏小妹的耳中，妹妹就问道：“哥哥！你究竟是怎么赢了禅师的？”苏东坡眉飞色舞，神采飞扬地如实叙述了一遍。苏小妹天资超人，才华出众，她听了苏东坡得意的叙述之后，正色说：“哥哥！你输了！禅师的心中如佛，所以他看你如佛，而你心中像牛粪，所以你看禅师才像牛粪！”

苏东坡哑然，方知自己禅功不及佛印禅师。

如果父母和老师能够“心中有佛”，德育便自然成为一个颇具审美意味的成长过程了。

跋

这本书的缘起，完全是因为陶公。

依陶公在当代教育界的德隆望尊、云心鹤眼，称其“老师”实在是太过平常了；而依陶公在我生命中的日光玉洁、周情孔思，称其“先生”又略嫌隔膜了。思前想后，唯“陶公”二字当得上我对他的那种仰止行止却又亲之信之的感情。

初识陶公，是在上海的新经典大讲堂上。那时，振村兄（《当代教育家》杂志社主编）正在热火朝天地推进中华经典诗文诵读工程，新经典大讲堂就是这个工程的载体之一。陶公和我都是大讲堂的主讲教师，席间，我见到了慈眉善目、一脸祥和的他。都说相由心生，面对陶公，我心中默念着自己何时能够修得这样一份心灵的喜悦和宁静呢。而陶公在闲聊时的一番不经意言论，更是让我大有相见恨晚之感。

他说：在某种意义上，经典文化是可以让生命有根的。如果根扎不深，就可能在西方文化侵入的时候，不分良莠都“拿来”，甚至顶礼膜拜。而当我们有了经典文化之根后，就可以在继承与发扬中国经典文化的时候，放开胸襟，大胆地将西方文化的精华吸收过来，并让它融入中国文化之中，成为我们文化发展的有机部分。

我在陶公身上，第一次如此真切地感受到一位教育者的文化自信和担当。

不久，我就把陶公请到我的学校。在一个可以容纳 168 人的阶梯报告厅里，座无虚席、恭默守静，陶公以他清亮如玉的嗓音，从容不拘地畅谈着他的幸福人生、文化情怀。没有人走动、没有人接听手机甚至没有人朗声咳嗽，我端坐第一排，如坐春风、如沐春雨。会后，陶公一再请我谈谈观感，他说，自己对听讲教师的情况不了解，内容上难免隔靴搔痒，希望我能提点改进意见。我说，您以您的真诚和睿智打动了每一位听讲者。您的讲座跟那些专家学者的讲座有一点不同，他们只负责讲，而您不但讲，而且做，您把您讲的东西通过自己的生命表达出来了。真正的“讲座”，是“讲做”，不但讲到了，而且做到了。

临走前，陶公说一定要好好地写一写你的新成功教育。时隔半年，我自己早已经将这话抛诸九霄云外了，没想到，陶公竟然将一篇长达近八千字的通讯报道《让更多的师生从平凡走向卓越》发到了我的邮箱。他说，第一，不当之处、不实之处只管改；第二，一定推荐《人民教育》刊发。陶公曾经说过，他做人的第一准则是诚信。原来，那次临走前的话在我听来不过是一句即兴的应景之辞，而在陶公，则是一份君子一言的承诺。孟子说过：“诚者，天之道也；思诚者，人之道也。”又说过：“至诚而不动者，未之有也；不诚，未有能动者也。”我打开陶公的邮件，用心感受着一位长者的赤诚与情义，那一刻，我明白了文化对于生命存在的意义——“以文化人”。原来，文化不是摆设、不是应景、不是装点门面，文化的全部意义在于“活出来”这三个字。活出来就是诚、就是率性、就是道啊！一如《中庸》所言：“唯天下至诚为能尽其性，能尽其性则能尽人之性，能尽人之性则能尽物之性，能尽物之性则可以赞天地之化育，可以赞天地之化育则可以与天地参矣。”

这就是陶公，一位中国文化的传播者，更是践行者。他用自己的整个生命去体认文化的精髓，并让自己也成了一座文化的高山。

于是，就有了随后的陶公和我的这场关于“读写丰盈诗意人生”的对话。“暮春三月，江南草长，杂花生树，群莺乱飞。”我们在弥散着浓郁的中国文化气息的杭州韵和书院促膝而谈。我们谈读书的文化价值，谈语文教师的文化自觉和传承道义，谈诗意语文的文化使命，谈写作的文化内涵和精神取向，谈德育乃至整个教育的文化缺失和生存之根……整整一天的工夫，陶公以其对文化的赤诚之爱，以其深邃的思想、惊人的记忆，以其纵横捭阖、收放自如的流畅思维，以其真诚的人生信仰和静水流深般的生命体验，带我一步一步迈向文化的神圣殿堂，催我自省、度我超拔。

如今，这本对话录《读写丰盈诗意人生》即将付梓。之所以还要添足这样一个注脚，完完全全是为了要向陶公表达我深深的感恩和敬意。我的思想许是浅薄，精神也谈不上健硕，对文化的激情和憧憬也不过是自说自话。但有一点，我从未置疑，那就是文字背后的生命确证。

一切对话，只为了重新发现自己。感谢陶公，以其卓越的文化生命温暖和照亮了我的另一个自己。

王崧舟

2021 年 5 月 26 日